Jardins de Picardie

Clos du Quesne, 15 allée des Serres,
59700 Marcq-en-Barœul
ISBN 2-909989-10-0

Jardins de Picardie

Préface de Jean-Marie Rouart, de l'Académie française

Textes : Jean-Paul MULOT
Photographies : Sam BELLET

Du Quesne

Les jardins du bonheur

Par Jean-Marie Rouart, de l'Académie française

Les vrais paradis, dit Proust, ce sont les paradis que l'on a perdus. On pourrait ajouter que les vrais paradis sont aussi ceux que l'on rêve de visiter et qui ainsi, prometteurs, lointains, enchantent l'avenir. Combien de fois ai-je projeté de me rendre à Ermenonville pour y visiter ces jardins que hante le souvenir de Rousseau : Rousseau le bucolique, l'herboriste, qui tout en s'enivrant des beautés de la nature, élaborait ce système politique despotique et concevait le *Contrat social* dont l'enfant monstrueux fut la Terreur. Autant que le jardin, je voulais me pencher sur sa tombe au milieu du lac comme le fit Bonaparte qui s'exclama : *"Peut-être eut-il mieux valu pour le bonheur des peuples que lui et moi n'eussions jamais existé"*.

Les jardins pourtant expriment des idées de paix. Ne sont-ils pas le témoignage extrême de la civilisation, un miracle construit sur un fond de barbarie, de sauvagerie qui ne demande qu'à ressurgir. Les jardins de Picardie, qui ont connu les horreurs de la guerre, de la pire destruction qui a labouré par le fer et le sang ces délicats paysages, sont là pour redonner de l'espoir. On les a replantés, redessinés ; on les a fait revivre. Oui, il faut admettre ce paradoxe : les hommes de guerre, ces professionnels de la destruction, ont parfois adoré les jardins. Louis XIV, Frédéric II de Prusse, Soliman, et le délicieux Prince de Ligne qui a réalisé un chef-d'œuvre aussi poétique que son œuvre littéraire, ce jardin de Belœil qui enchantait cet autre grand amateur de guerriers sanguinaires et de jardins : Jacques Benoist-Méchin.

Il y a tant de jardins en Picardie où j'aurais aimé retrouver le souvenir de Nerval, celui de Juliette et de Victor Hugo. Tant de noms chantent dans ma tête : Vez, Largny-sur-Automne, Orgeval, Beauchamps, La Chaussée-Tirancourt, Breuil-le-Sec.

Mais le jardin le plus désirable, le plus cher à mon coeur, que j'ai parcouru en rêve tant de fois, c'est celui de Vic-sur-Aisne. Bernis, vaincu par l'adversité, y a passé cinq années d'un injuste exil. Loin de se désoler dans l'inaction, de mûrir sa rancœur, il a restauré ce jardin dessiné par Le Nôtre. Il a semé, planté des graines de plantes rares que lui faisait parvenir son fidèle ami, Paris-Duverney. Dans cette activité paisible, le cardinal trahi a trouvé une sagesse qu'il avait perdue dans les fastes du pouvoir. Il s'est réconcilié avec lui-même : il s'est retrouvé.

Irai-je le retrouver un jour, mettre mes pas dans les siens, dans ce lieu où il a appris un art supérieur : l'art de se limiter au bonheur qui, bien que clos et protégé en apparence, s'ouvre sur des perspectives infinies.

Jean-Marie Rouart

A Maryvonne Pinault, pour les jardins

A Philippe Tesson, pour la Picardie

A Gerberoy (Oise), les cascades végétales du jardin à l'italienne imaginé par le peintre Henri Le Sidaner (1862-1939).

Lorsqu'on lui parle des jardins picards, le promeneur distrait pense à Ermenonville ou à Chantilly. Le premier évoque le tombeau de Jean-Jacques Rousseau dans un décor d'un romantisme un peu suranné, le second, les magnifiques écuries, les réseaux de plans d'eau et de fontaines où dorment d'énormes carpes et qui entourent le château renfermant d'extraordinaires collections de peintures du duc d'Aumale, le fils de Louis-Philippe. S'en tenir là serait méconnaître l'efflorescence, depuis quelques années de dizaines de parcs, arboretums, herbariums, enclos, petits et grands, à l'anglaise, à la française, paysagers, urbains ou ruraux, privés ou publics, laïcs ou religieux. Sous cette étonnante diversité, ouverte à toutes les influences, une âme commune se dessine.

Regardez *l'Automne*, certainement l'un des chefs-d'œuvre de Botticelli. Une profusion de fruits, portés par une jeune fille et deux amours, parsèment un espace mystérieux, sans contrainte aucune, révèlant deux caractéristiques essentielles des jardins de Picardie : la vie qui monte comme une sève on ne sait d'où, de la terre même peut-être, et une grande liberté. L'homme demande à ses jardins ce que la vie courante lui refuse. Ainsi les mandarins chinois, dont le protocole réglait l'existence dans le moindre détail, y quêtaient-ils l'évasion, le rêve, la surprise. Les citadins d'aujourd'hui, qui se sentent vaguement prisonniers d'une vie factice, recherchent, eux, la réalité de la terre et, encore une fois, la liberté.

Observons les nombreux visiteurs de l'abbaye de Vauclair un jour d'été. Lorsque leurs essaims s'approchent de cet ancien monastère cistercien, rasé par les bombardements de l'offensive Nivelle en 1916, ils semblent avoir à cœur de confirmer un récent sondage sur la fréquentation des jardins : celui-ci révèle qu'on les visite majoritairement en famille, puis avec des amis, puis en couple et, enfin, rarement seul. Comme si l'on y cherchait une sociabilité apaisée, difficile au quotidien. A mesure que les visiteurs avancent, les voix diminuent et les gestes s'adoucissent. Déambuler entre les carrés de l'extraordinaire damier de plantes médicinales semble avoir sur eux un effet sédatif, comme si le stressomètre plongeait d'un coup vers zéro à la vue de la verveine ou de la valériane.

Tout jardinier imprime à la nature sa conception du bonheur. Les Picards comme les autres. Mais quelle est-elle ? Un petit détour par de grands exemples lointains nous aidera à la découvrir.

Les anciens Perses établissaient leur "*paradis*" (c'est le nom que les Grecs leur donnaient) en des lieux élevés (les plus fameux, à Babylone, étaient suspendus). Ils approchaient ainsi le ciel pour mieux refléter le jardin céleste d'où le premier couple avait été chassé, selon l'enseignement de Zoroastre. Les jardins picards, plus modestes, n'aspirent pas au ciel, ils émanent de la terre où ils prennent racine, ils en tirent leur force et leur beauté. Ainsi, par exemple, paraissent-ils naître du sol humide, la manière dont l'eau s'y étale le suggère. Alors que chez les Arabes, qui s'abritaient de l'âpreté du désert dans des oasis de fraîcheur et d'ombre, elle ruisselle en cascatelles ou en jets, ici, elle forme les grands miroirs calmes des étangs et des bassins à la française. Ou bien, comme dans les hortillonnages d'Amiens, elle se répand au long de canaux immobiles que les jardiniers doivent parcourir en barque pour accéder à leur parcelle. Ici et là, parcs de parades et sillons maraîchers ne sont que l'aboutissement du paysage, son couronnement, le résumé de sa substance, comme la perle est la fleur des nacres de l'huître. Ils sont l'émanation d'un terroir et des hommes qui l'ont façonné tout au long de l'histoire.

"Le pavot s'évertue à remplir de lumière sa tasse déchirée par le vent du matin."
Maurice Maeterlinck.

La "jaune" anglaise *Graham Thomas* entourée de lavandes et, au fond, un rosier pleureur *Swanny*.

L'histoire est partout dans les jardins picards. L'histoire modeste des jardins de ville, fermés depuis le Moyen Age, bijoux cachés aux yeux indiscrets, l'histoire bourgeoise des vendangeoirs du Laonnois, aux jardins sagement rangés au pied des escaliers prospères que ruina le phylloxéra. L'histoire aussi des religieux, des princes et des arts. L'histoire avec ses pierres magnifiques, chargées de mémoire. Sauf dans le nord-ouest où le calcaire tendre ne s'y prête pas, le pays s'est couvert d'abbayes et de châteaux autour desquels foisonnent des parcs.

Ici (à Breuil-le-Sec), Jules César a dressé un pont de fascines pour réduire la tribu des Bellovaques, là (à Valgenceuse) Gérard de Nerval, Alfred de Vigny et Alexandre Dumas sont venus rêver.

Là encore (à Largny-sur-Automne) François Ier, pour se délasser de la décision révolutionnaire qu'il avait prise à Villers-Cotterêts de remplacer le latin par le français dans les actes officiels du royaume, venait chercher sa meute de chasse, là toujours (à Fosseuse) la belle Françoise de Montmorency-Fosseuse, de n'être plus la maîtresse d'Henri IV, baignait de larmes les allées.

A Versigny, dans l'Oise, Le Nôtre a truffé le parc de viviers, de grottes, de cabinets de verdure. Au château de Septmonts, Victor Hugo, qui voulait l'acheter, a laissé l'inscription : "*Victor Hugo, Juliette, 29 juillet 1835*", apportant la douteuse caution du génie à l'exécrable manie des graffitis.

L'histoire n'est jamais si poignante que lorsque les palais tournent à la ruine et les jardins à la friche. Guise à cet égard satisfera les amateurs de rencontres symboliques. Dix-sept hectares de pierraille et de lande rappellent qu'y régna l'orgueilleuse famille des ducs qui libérèrent Calais de l'Anglais, furent cardinaux, faillirent supplanter le roi de France. Non loin de là, comme un pendant baroque, se dresse le Familistère Godin, où le fameux constructeur de poêles eut l'idée à la fin du siècle dernier de bâtir pour ses employés une ville idéale, sur le modèle des utopies de Fourier. Avec habitations collectives, piscine, théâtre et, naturellement, jardins potager et d'agrément. Le Versailles des ouvriers en quelque sorte, social, révolutionnaire et paternaliste.

Ironie du sort, l'expérience dura jusqu'en 1968. Aujourd'hui, les jardins ne sont qu'un vaste paradis où le philosophe horticole peut rêver sur la fragilité des expériences humaines.

L'histoire, enfin, c'est celle de la Terre, de la terre et de la guerre intimement mêlées, de la terre toujours recommencée malgré les destructions répétées des guerres. Gorgés d'eau et de gras limons, les jardins picards sont nourriciers comme la grande plaine qui leur sert d'écrin.

La Picardie c'est un jardin de terrasses céréalières entaillées de rivières souvent vives, parfois lentes. Mais, alors, au calme des eaux se reflète le bouillonnement des fleurs.

La marguerite, comme le coquelicot, enchante chemins et jardins de la Picardie. Et, comme la Picardie, on l'aime beaucoup, passionnément...

Cela saute aux yeux pour les hortillonnages ou les jardins ouvriers, mais cela n'est pas moins vrai pour des lieux plus prestigieux. Il n'y a presque pas de châteaux ni d'abbayes qui, derrière leurs broderies de buis, leurs topiaires d'ifs, ou au détour d'un élégant vallon anglais ne possèdent leur enclos de simples, leur potager, leur verger.

En Picardie plus qu'ailleurs s'applique la réflexion de l'homme aux 20.000 mûriers blancs des jardins des Tuileries, Olivier de Serres qui, dans son *Théâtre d'agriculture*, rappelait que l'horticulture est la culture qui profite le plus : *"le jardin surpasse toute autre partie de terre labourable même en cette particulière propriété qu'il donne chaque année et à toute heure, alors qu'à tout autre endroit le fond ne rapporte qu'une fois dans l'année".*

Les jardins de curés, dont raffolent les jardiniers qui réhabilitent le patrimoine picard, témoignent de cette exubérance de pousse. C'est cette même sève, cette joie de vivre, que l'on retrouve dans la décoration d'un Condé-en-Brie : les merveilleuses scènes d'animaux d'Oudry, les plaisirs un peu mignards de Lancret ou de Watteau (et notamment l'illustration des contes licencieux de La Fontaine) donnent un aperçu de ce solide appétit terrestre.

C'est qu'aussi toute la région a dû manifester, au long des siècles, sa volonté sans cesse renouvelée de triompher de la mort. L'histoire a mené une danse souvent macabre sur ce pays qui barre, de la mer à la Marne, la route immémoriale des invasions. Les églises même y sont fortifiées, les côtes de craie demeurent percées de redoutes et de lazarets, beaucoup de vallons ont servi d'ossuaires, et les cimetières militaires de toutes nationalités figurent, hélas ! Parmi les jardins les plus étendus. Sur ces lieux flotte un charme étrange : on reconnaît les anglo-saxons à je ne sais quoi de cossu, les français à une simplicité qui frise le dénuement et certains cimetières allemands à la sombre poésie des croix noires sous des chênes touffus.

En opposition à ces champs funèbres, les jardins picards affirment la reconquête de la vie sur les tueries. Ils sont comme un acte de foi dans la continuité des choses. Ainsi n'a-t-on pas pu reconstruire sur place le village de Craonne, pilonné lors du combat du Chemin des Dames, ce n'était plus qu'une purée d'obus : mais, plusieurs décennies plus tard, on y a planté un arboretum. Moins tragique, mais tout aussi significative est la réutilisation qu'a faite une association locale des remparts de Saint-Valéry-sur-Somme : elle y a créé un herbarium très riche. Pour ses promoteurs, il s'agit moins d'un jardin ornemental que d'un *"espace pour la mémoire, l'histoire ou la sauvegarde du patrimoine végétal"* que les promeneurs feuillettent sans y penser en suivant les rues qui longent les murailles.

Les jardins et les serres du Familistère de Guise, créé par l'industriel Godin, ont été rénovés selon les plans d'origine.

On ne saurait quitter les jardins de Picardie sans parler de ceux à qui on les doit, non pas tant leurs créateurs, si célèbres soient-ils, comme un Le Nôtre au XVIIe siècle ou un Varé (l'architecte du bois de Boulogne) au XIXe siècle, que ceux qui, aujourd'hui, après toutes les vicissitudes des siècles, les redécouvrent, les réinventent, les redessinent, les restaurent et les raniment. Regroupés dans trois grandes associations départementales qu'aident les comités du tourisme, des centaines de passionnés dépensent des trésors d'énergie et de savoir faire à ressusciter des lieux oubliés ou détruits.

Ce n'est pas facile. Il faut d'abord retrouver le jardin tel qu'il était du temps de sa splendeur. Il est en quelque sorte sa propre archive ; on l'étudie avec soin pour y déceler les traces de ce qu'il fut, qu'elles soient visibles, comme les mouvements de terrain, les éléments architecturaux, invisibles, comme la fontainerie souterraine, les fondations, les souches d'alignements, ou carrément dématérialisées, comme le dessin des parterres ou les variétés de fleurs : on peut s'aider pour les recherches de plans, relevés, mémoires d'achats et descriptions d'époque.
A partir de là certains s'efforcent de restaurer le jardin le plus proche possible de l'identique. D'autres préfèrent s'inspirer de l'esprit des lieux pour l'adapter à la sensibilité d'aujourd'hui. Certains enfin choisissent d'écrire de leurs doigts verts une toute autre histoire, comme ces nouveaux textes que les moines copistes calligraphiaient sur des parchemins grattés et que l'on nomme palimpsestes.

Les jardins disparaîtraient sans des centaines de passionnés qui redécouvrent, réinventent, redessinent et restaurent les œuvres parfois ruinées des Le Nôtre, Varé et autres qui ont, un heureux jour, commencé ces palimpsestes splendides et naturels.

Chaque méthode porte fruit : la splendide restauration française de Versigny, l'irruption d'un paysage contemporain avec son pré fleuri asymétrique au donjon de Vez, les festons de bignognes et de glycines bordant le pédiluve à chevaux de Verderonne, la cohabitation de tous les genres autour de l'étang de Davesnecourt, la profusion de toutes les fleurs à Viels-Maisons comme à Maizicourt, les inimitables folies de Betz, la profondeur romantique de Mortefontaine, hélas invisitable, ou le jardin américain de Blérancourt, ou encore la révérence à la majesté d'arbres vénérables telle qu'on la pratique à la préfecture d'Amiens ou demain au château de Bagatelle.

C'est dans la diversité de ces réussites qu'apparaît la profonde parenté des jardiniers et des propriétaires qui en sont l'âme. Elle ne se borne pas à l'amour des fleurs, des arbres, de la terre, elle traduit une même conception du bonheur, elle infuse toute une façon d'être. Comme le dit-presque-la chanson, *les gens qui sèment sont toujours un peu les mêmes*. Tous disent la paix, la liberté, la sincérité, l'envie de recevoir qui les amènent au jardin. Et cultiver celui-ci les élève à une sagesse aimable, profonde. C'est une belle jardinière qui prend plaisir à regarder son domaine quand il s'est

La parenté des jardiniers et des propriétaires qui forme l'âme des jardins ne se borne pas à l'amour des fleurs, des arbres, de la terre et des cascades de feuilles, elle traduit simplement une même conception du bonheur, qu'ils piègent ensemble dans un éphémère sans cesse renouvelé.

débarrassé des richesses un peu confuses de la belle saison, quand l'hiver en dépouille les formes que le givre offre à la lumière. Alors, dit-elle, elle sent intensément qu'elle est de passage ici-bas.
Une telle disposition d'esprit ne va pas sans un goût attentif pour la poésie ou la peinture. Le Sidaner, qui coucha sur ses toiles tant de parcs, en a dessiné un sur la terre picarde, entre les deux guerres : Gerberoy. C'est une autre jardinière picarde qui a composé son jardin comme une folie de fleurs, comme un bouquet de taches de couleurs et se plaît particulièrement en avril sous les pommiers. Elle doit regretter de ne pas parler le japonais. Il lui suffirait en effet de cinq syllabes : HA-NA-NO-KA-GE, pour exprimer la lumière du soleil telle qu'elle se présente au début du printemps, filtrée et diffusée à travers des pétales de fleurs.

Mais chaque nuance des ciels picards varie à l'infini l'éclat des joyaux de verdure qu'y cisèlent tout au long de l'année des femmes et des hommes habiles à piéger durablement le bonheur dans l'éphémère.

Aux portes de l'Ile-de-France

C'est une terre propice à l'invention : dans une missive adressée au comte de Portland, Le Nôtre confessa que le parc de Chantilly était son œuvre préférée, sa création la plus intime. Henri Ier de Montmorency y inventa la maison de Sylvie comme Marie-Antoinette construisit son hameau dans le parc de Versailles. Et au début de l'autre siècle, Nélie Jacquemart-André glorifia, d'une patte unique, les roses à Fontaine-Chaalis (depuis, la roseraie a été reconstituée avec talent par André Gamard).

Fontaine-Chaalis

L'abbaye royale de Fontaine-Chaalis est l'un des lieux les plus visités de l'Oise, à tel point que *Les Visiteurs* y ont même été - en partie - tournés. Chacun se souvient aussi qu'elle abrite le musée Jacquemart André, où l'on peut admirer les remarquables peintures de Giotto, Oudry ou Boucher, les sculptures d'Houdon et les beaux meubles Renaissance dans les galeries qui mènent aux salles Jean-Jacques Rousseau. La forêt d'Ermenonville n'est pas loin en effet, si chère au père de *La Nouvelle Héloïse*, et son souvenir se perpétue ici mieux qu'auprès de son tombeau, grâce à l'impressionnante collection de documents légués en 1923 par le marquis de Girardin.

Ce qui fut jadis le cimetière des moines de l'ancienne abbaye qu'aimait tant Gérard de Nerval a aujourd'hui été reconverti en une magnifique roseraie.

Le faste des jardins majestueux tracés par le cardinal d'Este se déploie rigoureusement.

Les amateurs de romantisme se promèneront d'ailleurs avec ravissement du côté des ruines de l'ancienne abbaye, fondée au XIIe siècle, qu'appréciait un autre écrivain amoureux du Valois, Gérard de Nerval, et que l'on a pour ainsi dire noyées dans une magnifique plantation de roses . Mais la partie la plus importante du vaste parc (trente hectares) s'organise autour des nouveaux bâtiments. En 1736, l'architecte Jean Aubert construisit l'aile nord du cloître qui devait devenir, un siècle plus tard, le luxueux château d'aujourd'hui. Quant aux jardins, ils furent dessinés pour le cardinal d'Este, le créateur des jardins de Tivoli, à Florence. Tout le faste des tracés réguliers et majestueux s'y déploie : longues pelouses, bassins, grands arbres alignés, topiaires rigoureusement taillées. Chacun y trouve son compte, celui qui aime les vasques fleuries et les statues rêveuses, celui qui préfère l'ombre d'allées plus sinueuses.
On reste envoûté par cette polyphonie où se répondent subtilement les splendeurs maîtrisées de la nature et les beautés de la pierre, des ornements, de la peinture, de la sculpture, du mobilier. Une sorte d'art total, un opéra pour parc et château.

Sous Henri IV, et pour longtemps encore, le château ne fut que rendez-vous de chasse. Et de jardin, point. Ce n'est qu'à la fin du XIXe siècle, sous l'impulsion des Lubersac, que ce parc de seize hectares est devenu ce que l'on voit aujourd'hui. Les six kilomètres de charmille au cordeau (oui, je dis bien six kilomètres...), les perspectives taillées en rideaux, le mail de tilleuls palissé à l'italienne, ces percées spectaculaires, les fabriques, les statues qui se nichent dans les haies, nous les devons à Duchêne, l'homme de Courances et de Vaux-le-Vicomte. Sans oublier les gléditsias, les érables, les marronniers, les houx et les fruitiers.

Corbeil-Cerf : des kilomètres
de charmille,
des alignements
impeccables, un étonnant
mail de tilleuls, tout cela
dans une douce rigueur.

Mais comme un bonheur n'arrive jamais seul, la même famille commissionna dans les années soixante l'architecte paysagiste belge René Péchère pour compléter ce chef-d'œuvre. Quatre petits jardins vinrent ainsi garnir la hotte de Corbeil-Cerf : une roseraie et trois "jardins secrets". Un jardin maure, un "vert" et un jardin de broderie de buis. C'est un Monument historique à ne pas manquer lorsqu'on vagabonde dans l'Oise. Les descendants de la famille, M. et Mme Belloin, assurent les visites. Il ne faut pas hésiter à leur passer un coup de fil ; ils connaissent parfaitement l'histoire de leur parc.

Neuilly-sous-Clermont

Les jardins de Neuilly-sous-Clermont ont la rigueur qui sied aux abords d'une ancienne commanderie, un temps abri de templiers et de chevaliers de l'ordre de Malte. On dirait même que la taille des belles topiaires répond à l'ovale des ouvertures d'une des façades. Il y a des bassins et des labyrinthes, des portes percées dans le végétal, et toujours ces allées d'ifs, de charmes et de buis impeccables. Dans les nouveaux jardins à la française, on retrouve ce souci de netteté et d'organisation que la présence de délicates roses n'arrive pas à troubler. On y goûte la paix tranquille et rassurante des endroits qui ont traversé l'histoire sans ciller. Comme dans un jardin zen.

Charme et rigueur
d'un jardin à la française,
un rien labyrinthique.

Chantilly

Trois siècles après, la photo aérienne donne raison à Mme de La Fayette, lorsqu'elle écrivait à Mme de Sévigné : *"De tous les lieux que le soleil éclaire, il n'y en a pas un pareil à celui-ci."*

En effet, Chantilly est un château Renaissance de forme bizarre, hérissé de tourelles et de clochetons où l'on abriterait volontiers les amours compliqués de la princesse de Clèves, mais entouré du plus subtilement régulier des parcs à la française.

Le Nôtre, qui l'a dessiné en 1663 (avant Versailles) à la demande du Grand Condé, en était légitimement fier. Il avait hérité au départ d'une situation difficile : une bicoque Henri II au milieu d'un marécage. Le défi était double, géométrique d'abord, l'irrégularité de l'édifice interdisant toute composition symétrique. Le Nôtre imagina alors cette originale perspective latérale marquée par la vaste terrasse qu'orne la statue du connétable, terrasse qui donne par un escalier monumental ("le grand degré") sur le grand canal, lui même bordé de part et d'autre par d'immenses parterres.

La nature du terrain, elle, posait un problème technique. Un gigantesque réseau de drains, d'aqueducs, de fontaines, a permis d'établir plans d'eau, bassins et cascades parmi les massifs, les bosquets et les cabinets de verdure.
Nous ne visitons pas aujourd'hui Chantilly tel que Le Nôtre l'avait conçu. En 1774, l'architecte Leroyer, sans changer le plan original, a semé la partie est de quelques édifices, dont la maison de Sylvie, un hameau dans le goût sentimental de l'époque cher à Rousseau, Fabre d'Eglantine et Marie-Antoinette. Plus tard, sous la Restauration, toutes les cascades à l'ouest ont été remplacées par un jardin à l'anglaise tracé par Victor Dubois. On y découvre le temple de Vénus, l'île d'amour et le jeu de paume.
Mais le charme principal de l'endroit demeure la magie de l'eau qu'un jardinier génial a su domestiquer, séparer, pour en faire de vastes miroirs du ciel. De cette œuvre titanesque ne reste nulle trace d'effort - tout ici paraît aisé - nulle autre trace que la mémoire des énormes carpes qui dorment sur leur lit de vase.

La féerie du lieu, la magnifique irrégularité de l'édifice et les jeux d'eau s'apprécient d'autant mieux à la nuit tombée par temps brumeux.

Le château accueille chaque mois de juin depuis une dizaine d'années un somptueux concours international de feux d'artifice.

Loin de la rigueur des parterres symétriques, déambuler le long des ruisseaux, des sous-bois et des ponts offre un bonheur simple et romantique.

Verderonne

A Verderonne, pas de vastes perspectives, pas d'immenses alignements d'arbres, pas de jeux de reflets entre des hectares d'eau et des cieux sans borne.

Au contraire, la poésie du lieu tient à son confinement, aux limites strictes que la pierre et la tuile donnent au végétal, au dialogue subtil à travers les saisons, entre les fleurs et les bâtiments. Henry Cassoly, l'un des maîtres des lieux, l'organise depuis cinquante ans : *"j'utilise chaque trait de l'architecture pour en faire un jardin."*

Ici, comme dans tous les jardins, l'on aime les fleurs, - peut-être plus qu'ailleurs,- et le premier élément d'architecture dont Henry Cassoly s'est servi , c'est la splendide serre du XIXe siècle, petite merveille de verre et de fer, à la fois conservatoire et pépinière de merveilles végétales. Derrière elle s'étalent dix massifs : roses anciennes, si fragrantes en juin, collections d'iris dès mai, vivaces variées et plantes à tubercules, phlox et dahlias en été, asters en septembre, se répondent à l'entour de la grange construite par Claude Gefroi

Il a fallu plus de quatre années pour restaurer les serres (basse et haute) datant du XIXe siècle, petites merveilles de fer rouge, de verre et de vitraux.

au XVIIe siècle et que son propriétaire restaure.
Elle communique avec un petit théâtre Louis XV à l'italienne qui s'ouvre sur un jardin d'eau semé de plantes aquatiques, un étang, et, devant l'ancienne laiterie, un décor que Cassoly a baptisé *l'Embarquement pour Cythère*, et que l'on dirait tiré d'un tableau de Watteau.
Plus loin, d'autres artifices s'offrent à l'imagination. Les plantes grimpantes disposent, pour marchepieds de leur fantaisie, de deux constructions originales. D'abord le colombier au toit pointu, percé de deux mille boulins, - anfractuosités où nichent les pigeons, - et où la clématite pose ses crampons. Ensuite le pédiluve des chevaux : là où alezans, bais et isabelles venaient baigner leurs pâturons douloureux après de trop dures journées, se reflètent aujourd'hui de magnifiques

La poésie du lieu tient à son confinement, à sa diversité et à son fouillis dans lequel dialoguent allègrement marguerites, roses, phlox, joncs, iris, glycines et dahlias.

glycines, au milieu des joncs et des iris.

Au terme de cette déambulation, c'est tout juste si on ne s'attendrait pas à ce que les mille fleurs de Verderonne ne saluent pas le public, sur cette scène dont l'habitation et ses communs sont le décor, et dont elles-mêmes, leurs couleurs et leurs parfums, sont les acteurs.

Versigny

Il y a trois Versigny. Le premier parc a été dessiné par Le Nôtre en 1640 suivant les perspectives convergeant vers le château. Ce Versigny-là, avec ses belles statues de nymphes illustrant les mythes des eaux et ses parterres soignés, orne harmonieusement la façade d'honneur d'une demeure qui domine, petit Versailles, la rue principale de ce village de l'Oise. Et puis sous le règne de Louis-Philippe, les Kersaint, propriétaires, ont donné dans la mode moderne de l'époque : ils ont ajouté des colonnes doriques au château et des aperçus à l'anglaise au parc, en se servant notamment de la rivière et des étangs; lieux où le romantisme s'aménage aisément.

Hélas, deux guerres mondiales ont résolu à leur manière cette querelle des Anciens et des Modernes en dévastant tout. Aussi, après la Libération, Charles de Kersaint a-t-il créé le troisième Versigny, celui que l'on peut voir aujourd'hui. Il a en effet entrepris la restauration des lieux en combinant la stricte ordonnance des parcs à la française avec l'agrément sinueux des jardins paysagers. Et l'on passe sans fausse note, au gré de la promenade, d'une nature soumise au plan de l'architecte à la nature dictant au jardinier ses artifices.
Le tout a demandé beaucoup de temps (aujourd'hui, Guy-Pierre de Kersaint a succédé à son père), beaucoup de travaux, beaucoup d'art et un respect scrupuleux de la flore locale : on a planté mille arbres par an, choisis parmi les seules essences chères au XVIIIe siècle et bien adaptées au climat du nord de la France : hêtres, tilleuls, frênes, noyers, sycomores, marronniers.

Les percées régulières et symétriques des bois conduisent paisiblement à des ronds-points ornés de magnifiques statues du XVIIIe siècle qui dirigent les regards vers des perspectives aussi belles que variées.

Les mille arbres plantés annuellement ont été choisis parmi les seules essences chères au XVIIIe siècle.

Anserville, ce n'est pas la Vallée aux Loups, mais, c'est, à deux pas de Paris, dans les premiers verdoiements de vraie campagne après la grande banlieue, l'ancien lieu de retraite et de méditation d'un écrivain de talent, Bertrand de Jouvenel. Sa propriétaire, Mme Hubsch, a entièrement restauré cette longue maison blanche (quarante mètres de façade) qui appartint à une famille ducale quand Richelieu était jeune homme.

Elle s'applique aujourd'hui à rendre au jardin son air du Grand Siècle.

Grâce aux senteurs des tilleuls, des lauriers, des lilas, aux bordures de buis et d'ifs, aux pelouses où s'ouvrent peu à peu des promenades et des massifs de fleurs sur lesquels veillent quelques cèdres centenaires.

Jadis refuge de l'écrivain Bertrand de Jouvenel,
ce cottage restauré a retrouvé ses allures de grandeur,
ses allées de buis et d'ifs, et son parcours odorant.

Si l'une des curiosités du jardin est une glacière voûtée en pierre, l'une des célébrités du château, elle, ne fut pas de glace : il s'agit de la belle Françoise de Montmorency-Fosseuse, qui réjouit, à quatorze ans, les nuits d'Henri IV avant de se retirer chez elle à jouer des airs pieux sur son luth. Mis en coupe réglée par un marchand de bois entre les deux guerres, le domaine revit aujourd'hui grâce à un sérieux effort de replantation : déjà l'étang, très poissonneux, l'allée des buis, les hêtres pourpres, les vieux platanes et le lion de pierre tapi dans les fougères ravissent les amateurs de calme et de petites douceurs secrètes.

Borest

Il y a des carrosses où l'or se relève en bosses, des gorges opulentes où les rangs de perles s'ajoutent aux rivières de diamants à la manière des chariots de hors-d'œuvre riches, les palais de stuc et de clinquant ; et puis il y a des objets qui ne sont au fond que la continuation des sujets qui les portent, habitent ou façonnent, et dont la beauté simple ne s'épanouit que dans la discrétion. Tel est Borest, bien de famille dont le charme tient à des riens, l'eau, les chevaux, tel ornement consacré par l'usage ou par le goût, tel silence sous un arbre à l'écart. Une esthétique sobre et naturelle, où rien n'est fait pour la montre. Enfin, en descendant vers l'étang, ne manquez surtout pas la curieuse éolienne qui fait le charme du parc du château de Saint-Vincent.

A Borest, les platanes centenaires (à gauche) et la Nonette, qui s'étire paresseusement jusqu'au château de Chantilly.

Parc romantique dessiné à la fin du XIXe siècle, Borest est un enchantement de l'œil.

Connaissez-vous Droizelles ? Savez-vous ce que c'est que Droizelles, comme eût dit Mme de Sévigné ? C'est un endroit imprévu, qui ne ressemble à aucun autre, ou à beaucoup d'autres au contraire si l'on veut, c'est la figure même du printemps incarné dans un jardin. Au centre, la serre, car c'est d'elle que tout part le moment venu, toutes ces plantes patiemment semées, éclaircies, dédoublées et qui vont enflammer de vie, le jardin, quand montera la sève. À tout seigneur tout honneur, d'abord le potager, ses planches, ses tuteurs, ses échalas et dont le foisonnement dépend expressément de la plus stricte régularité ; et puis il y a les vivaces par brassées et les fruitiers à l'attirant feuillage, aux rameaux ployés. Droizelles, c'est le printemps, même en automne.

La serre de Droizelles, posée comme un vaisseau spatial au cœur des jardins.

Les nombreux arbres centenaires,
les éléments décoratifs originaux et les récentes
roseraies agrémentent la balade au travers des jardins
datant du début du XIXᵉ siècle.

Breuil-le-Sec

L'histoire commence tôt dans ce domaine situé à quatre kilomètres de Clermont de l'Oise. Comme son nom ne l'indique pas, il jouxte un marais que Jules César dût traverser il y a deux mille ans pour prendre à revers ses ennemis de la tribu des Bellovaques. Il bâtit à cet effet un pont de fascines dont une partie est toujours enterrée dans le parc. Depuis deux siècles, la propriété se transmet de mère en fille. Deux éléments y dominent. D'abord un parc à l'anglaise dessiné en 1851 par le paysagiste Louis Sulpice Varé à qui l'on doit le bois de Boulogne. Dans une pâture de trois hectares, il a creusé un étang avec une île reliée aux berges par deux élégants ponts cintré, et ménagé des reliefs avec la terre de déblai.

Divers éléments décoratifs, maisonnettes, obélisques, bancs, vasques, ornent des allées en courbes, qu'accompagnent parfois quelques arbres, fort beaux, en particulier les marronniers d'origine. Deux roseraies ont été récemment plantées et la réhabilitation se poursuit.

On visite aussi (surtout?) le potager de charme, adossé au cimetière du village et à la belle église du XIIe siècle.

Son étendue et la variété des légumes cultivés attestent l'importance des jardins d'alimentation dans l'économie du XIXe siècle et les actuels propriétaires en ont fait en sus une petite œuvre d'art.

Véritable œuvre d'art des lieux, le potager, que narguent le cimetière et l'église du village, est cultivé "en planches", d'après la tradition du XVIIe siècle.

La culture s'y mène par planche, comme au XVIIe siècle, à l'intérieur de carrés séparés par des allées sablées et des bordures de buis doublées d'une rangée de fleurs annuelles ou vivaces.

Il s'en dégage l'impression d'une joyeuse vigueur de pousse qui rappelle l'ancienne puissance d'un domaine agricole dont on peut encore visiter l'imposante grange récemment inscrite à l'inventaire supplémentaire des Monuments historiques.

Vigny, Nerval, les Dumas père et fils y ont séjourné. Le parc est attribué à Le Nôtre et l'on se donne ici grand mal pour mettre en valeur la propriété, son orangerie, ses statues, ses vases, ses allées de buis, sa terrasse et son superbe miroir d'eau. Et vous êtes à deux pas, selon vos goûts, de Senlis, la capitale d'Hugues Capet, d'Ermenonville et des souvenirs de Jean-Jacques Rousseau, de la mer de sable et de tant d'autres attraits du Valois, traditionnel ou contemporain, y compris de l'aéroport de Roissy, ce qui n'est pas négligeable.

Même si l'on n'est pas grand lecteur des Confessions *ou du* Contrat social, *on ne peut manquer d'être saisi par la puissance sereine du parc où Jean-Jacques Rousseau a son tombeau. C'est un endroit touché par la grâce comme certaines pages de* La Nouvelle Héloïse *furent* "touchées par le soleil".

Du château-hôtel où tout le confort amène de notre siècle est garanti, on aperçoit les pelouses et en longeant les grands arbres et les semis d'ifs, on va jusqu'à la cascade et la grotte aux naïades où flotte encore l'esprit de Marie-Antoinette. C'est le lieu incontournable pour les amateurs de jardins cherchant une halte après avoir arpenté ceux de l'Oise. Les chambres ont vue sur le parc dont le marquis de Girardin termina l'aménagement en 1775 avec l'aide du peintre Hubert Robert. Ce dernier et le duc d'Harcourt réalisèrent, peu après, à Betz, non loin d'Ermenonville, un jardin fou pour la princesse de Monaco.

Entre Oise et Aisne

C'est presque une péninsule, un bras de terre entre deux rives, aux confins de l'Ile-de-France. Il y a des donjons, des palais et des bois. C'est un pays qui fait penser à La Fontaine saluant Le Nôtre : *"Tous parcs étaient vergers du temps de nos ancêtres ; Tous vergers sont faits parcs : le savoir de ces maîtres.*
Change en jardins royaux ceux de simples bourgeois. Comme en jardins des dieux, il change ceux des rois".

Compiègne

Napoléon Bonaparte eut son Le Nôtre. Il s'appelait Berthault et a dessiné pour le château de Compiègne, en 1810, un parc qu'on ne peut dire ni vraiment à l'anglaise, ni vraiment à la française, un parc impérial. Cela se comprend. La ville, depuis Charlemagne, est associée à l'idée d'empire, et, beaucoup plus tard, elle deviendra le lieu de villégiature préféré de Napoléon III et de son épouse. Le château abrite d'ailleurs, de nos jours, à côté du musée de la Voiture et du Tourisme, les musées du Second Empire et de l'Impératrice.

De l'ancien projet de jardin, tracé par Gabriel en 1755 à la demande de Louis XV ne subsistent aujourd'hui que les murs de clôture, les fossés latéraux et deux quinconces de tilleuls de part et d'autre de la grande percée centrale. Quand Berthault réaménagea les lieux, endommagés par la Révolution, pour le vainqueur d'Austerlitz, il se trouva en face d'une double tâche. L'une, politique lui imposait de matérialiser la gloire des abeilles, l'autre, architecturale, lui demandait de relier le château aux immenses horizons de la forêt toute proche (vingt mille hectares).

Il remplit ses deux missions grâce à des travaux gigantesques. Une rampe monumentale permit d'accéder directement à la terrasse, d'où l'on découvre, accoudé à la balustrade ornée de statues à l'antique, une immense perspective, longue de quatre kilomètres, ouverte par la trouée des Beaux-Monts.

L'amour, la gloire et la diplomatie se conjuguèrent dans cette œuvre : il s'agissait de rappeler à Marie-Louise de Habsbourg-Lorraine nouvelle épouse de Napoléon, la vue dont elle jouissait à Schönbrunn.

Une rampe monumentale permet d'accéder directement à la terrasse à balustrade ornée de statues à l'antique, d'où l'on découvre une immense perspective ouverte par la trouée des Beaux-Monts, qui rappelait à Marie-Louise, d'Autriche, la vue dont elle jouissait à Schönbrunn.

Dans le même esprit, on détruisit, du côté de la forêt, le mur d'enceinte pour le remplacer par une grille, l'on édifia au nord un berceau de verdure long d'un kilomètre quatre cents. Cette immense chenille de fer devait permettre à la jeune impératrice de se rendre du palais à la forêt en restant à couvert, pour ne s'exposer ni aux ardeurs du soleil ni aux rigueurs de la pluie. Archiduchesse fragile, future mère du Roi de Rome, Marie-Louise avait besoin de ménagements : on fit bâtir deux pavillons de repos, ornés de décors peints par Dubois et Redouté, dont il subsiste des traces dans le pavillon sud. Tant de sollicitude, tant de magnificence connurent leur revers durant la campagne de France en 1814 : c'est de la monumentale trouée des Beaux-Monts que l'armée prussienne investit la ville. Aujourd' hui, il ne demeure de l'histoire qu'un lieu grandiose, et la volonté patiente des restaurateurs de lui restituer les essences d'arbres et les ornementations florales en vogue sous le Premier Empire.

Vez

Jardin clos, touffes d'iris, semis de lin, banquette enherbée et plantes aromatiques rappellent l'esprit des jardins médiévaux, des forteresses et des donjons

Non loin de Villers-Cotterêts, le donjon de Vez domine la vallée de l'Automne, vingt-sept mètres au-dessus de la forêt du Valois. Avec son ornementation extérieure d'œuvres contemporaines, il pose, non sans quelque souriante provocation, une question importante : comment, pour nous contemporains, accéder à l'histoire à travers les monuments qu'elle nous a légués ? Au XIXe siècle, Léon Dru, l'un de ses propriétaires qui fut aussi l'ami du constructeur du canal de Suez, Ferdinand de Lesseps, donna sa réponse, une réponse dans le goût de Viollet-le-Duc. Vez, l'une des plus puissantes places fortes du Valois, qui appartint à Philippe Auguste et que Jeanne d'Arc vint inspecter avant d'être prise à Margny-lès-Compiègne, fut accomodée à la sauce néogothique, fleurie de corbeaux, créneaux et meneaux. On peut en sourire, mais cela lui vaut sans doute d'être toujours debout. Son propriétaire, commissaire-priseur et homme de goût, a choisi une toute autre voie. Il a demandé au paysagiste Pascal Cribier d'amener au contraire le visiteur à comprendre, à toucher du doigt la mentalité du Moyen Age, en créant un jardin d'esprit médiéval compatible avec un certain souci moderne de dépouillement. Le résultat est étonnant.

La Paix, une des étonnantes sculptures qui habitent le parc.

Consultant les archives et l'iconographie ancienne, Cribier a entrepris d'aménager les alentours du donjon en suivant les principaux éléments d'origine, jardin clos, semis d'iris, banquette enherbée, jardin de simples aux espèces aromatiques. Le respect de l'esprit et de la lettre a été poussé jusqu'au détail : *"Le pré fleuri, posé assymétriquement par rapport au donjon, est délimité par de courtes haies de buis, à l'image des anciennes banquettes enherbées. Il rappelle les jardins clos des enluminures."* De même, certaines tapisseries trouvent-elles un écho dans les touffes d'iris et les semis de lin qui constellent le pré et les parterres. La topiaire elle-même se conforme à cette intention directrice : les buis en croix quadrilobée répondent aux rosaces de pierre qui ornent la façade de la chapelle. Enfin, une haie de taxus hysperica, les ifs fastigiés, rappelle-t-elle les promenades funèbres des hommes de guerre qui défendaient jadis cette formidable forteresse et surtout la pérennité de la condition humaine.

Largny-sur-Automne

Imaginez le château de la Muette surplombant l'Automne : la poésie de certains mots porte au rêve que la réalité de certains lieux ne brise pas. À Largny, l'Automne baigne toute l'année la vallée que domine une vaste demeure bâtie vers le milieu du XVIe siècle par le grand veneur de François Ier et Henri II. C'est là qu'il dressait la meute royale pour les chasses de Villers-Cotterêts. De ce temps fastueusement coloré, retentissant de cris, de cors et d'assauts courtois subsiste aujourd'hui une trace austère et paisible.
On peut en commencer la visite par la grande allée de marronniers.
À sa naissance, un chemin de fleurs conduit au pigeonnier du XVIe siècle, au pied duquel prospère le *potager de Jacques*. En suivant les marronniers, on parvient au *portail des chiens*, qu'empruntait la meute pour gagner la forêt. Deux pavillons du XVIIe siècle l'encadrent. Une petite allée plantée de tilleuls mène ensuite à la grande terrasse, du XVIIe siècle, ornée de pilastres.

Le merveilleux jardin de buis à décor d'arabesques, qui surplombe la vallée de l'Automne, orné d'un grand carré de fleurs, dont la monochromie change chaque année (sauge bleue, zinnias jaune-orange), et les magnifiques potées d'agapanthes.

D'un petit banc de pierre, on admire l'harmonie dépouillée des jardins en contrebas où le chant de la pierre répond au vert des buis. Au loin, une échauguette s'effile à l'horizon. Puis, par la haie d'ifs, le parterre de buis à décors d'arabesques et la rampe qui descend au jardin, placez-vous le long des charmes, dos à la vallée, pour apprécier la façade de la maison dans sa diversité de brique et de pierre, depuis ses cheminées d'origine jusqu'aux derniers remaniements. Pour sortir, choisissez entre le chemin des puits donnant sur la porte en fer forgé flanquée de deux atlantes du XVIe siècle, et celui, plus long, qui gagne l'extrémité du parc en descendant jusqu'au bas du jardin de buis et en longeant la muraille.

Un chemin de fleurs conduit
au colombier du XVIe siècle,
au pied duquel s'épanouit
le *potager de Jacques*,
clos à l'horizon par une
muraille et une échauguette.

Longpont

En lisière de forêt de Retz, marchant sur la voie romaine allant de Meaux vers le Nord, on découvre Longpont, son parc à l'anglaise aménagé au XIXe siècle et les jardins de l'abbaye qui s'étendent au bord d'un ruisseau dans le Vallon de la Savière. S'il ne reste que quelques impressionnantes ruines de pierres blanches de l'ancienne abbatiale et du cloître, on dirait que l'esprit cistercien souffle encore sur les rosiers, les pièces d'eau et les deux platanes plantés sous Louis XV. La pureté toute majestueuse des bâtiments est intacte. On en vient même à imaginer la vie passée du lieu ; ses moines, ses granges et celliers posés sur les riches terres du Soissonnais, ses vergers et potagers. Evocation des mondes spirituels et matériels, les jardins cisterciens étaient le symbole d'une intériorité toute puissante, parfaitement ordonnancée et rigoureuse.
Les cisterciens étaient tout autant contemplatifs que travailleurs, et les moines jardiniers jouaient un rôle primordial. Bernard de Clairvaux, fondateur de l'ordre, n'affirmait-il pas à l'abbé de Vauclair, au XIIe siècle : *"Tu trouveras quelque chose de plus dans les forêts que dans les livres..."*

Longpont c'est le mariage, aussi involontaire qu'harmonieux, des grands arbres (comme ces cèdres) et des pierres, installées comme des souches à leurs pieds.

Montgobert

C'est un lieu retiré, certains diraient perdu. Un merveilleux parc à l'anglaise, avec ses grands arbres centenaires, ses pelouses, ses paysages courbes qui exhortent à une méditation sereine. Mais le plaisir et le calme ne vivent pas seuls à Montgobert, ils sont associés à un troisième personnage, la pédagogie. Car ce beau château du XVIIIe siècle, qui appartint à Pauline, la sœur aimée de Napoléon, avec ses terrasses bordées de vases Médicis et son parc dessiné au XIXe siècle a été choisi pour y abriter un musée européen du bois et de l'outil. Les visiteurs peuvent s'initier au bois dans tous ses états, qu'il s'agisse de le sécher, le conserver, l'ouvrer. Trente salles présentent une riche collection d'outils anciens et un grand nombre de métiers du bois dont certains ont disparu. Un ensemble de savoir-faire qui tous demandent un jugement sain, le sens du temps, l'amour des choses bien faites. Une chaîne de métiers solidaires, indispensables à une certaine forme de civilisation qui allie la recherche de la beauté et le respect de l'environnement.

Un platane et, au fond, le château du XVIIIe siècle avec ses terrasses bordées de vases Empire.

Oigny-en-Valois

Gérard de Nerval aimait ce château qu'on croirait spécialement imaginé pour les danses des *Filles du feu*.

Dans ses courses à la découverte du Valois ancien, Gérard de Nerval est tombé amoureux de ce château édifié au milieu du XVe siècle, *"avec ses toits pointus couverts d'ardoises et sa façade rougeâtre aux encoignures d'ardoises dentelées de pierre jaunie"*. Les bâtiments brique et pierre et leurs tourelles sont exceptionnellement bien conservés, et, depuis plus de vingt ans, la propriétaire, Sylvie Pétrel, a rendu vie au parc.

Aujourd'hui la belle au bois dormant songerait volontiers dans le vallon de campagne harmonieusement redessiné, ou au gré des pelouses semées d'îles de vivaces et d'arbustes. Le jardin français de la cour d'honneur offrirait, lui, un lieu digne d'elles aux danses fantasmagoriques des *Filles du feu*. Le visiteur, moins romantique, notera le soin avec lequel les vieux arbres ont été sauvés, notamment le bel hêtre pourpre offert par Napoléon Ier, et appréciera la variété des décorations florales, des roseraies, du jardin aquatique, des balconnières et des suspensions.

Les esprits les plus pratiques peuvent visiter le petit musée du jardinage et même acheter des objets de jardin ou des fleurs prêtes à planter. Dans l'esprit du dernier Moyen Age et de la Renaissance qui ont vu les belles heures du château, on été créés en 1998 deux nouveaux jardins. Le premier a été tracé dans l'axe de la perspective est-ouest. C'est un *cercle astrologique des fleurs*, de vingt-quatre mètres de diamètre. Douze îlots régulièrement disposés sur la circonférence représentent les signes du zodiaque.

Le second jardin occupe l'ancien potager. Il s'agit d'une composition qui évoque les cinq sens. Dominée par l'églantier, elle se nomme *l'églantine du jardinier*. En hiver ses fruits gracieux rappellent avec mélancolie le distique de Ronsard :
"La rose à la parfin devient un gratte-cul — Et tout avec le temps par le temps est vaincu".

La pièce d'eau, au loin, et un viburnum watanabe au premier plan.

Vic-sur-Aisne

Le donjon est du XIIe siècle, le château du XVIIIe siècle, mais les jardins datent du XVIIe siècle. Commandités par l'abbé de Pomponne, dessinés dit-on par Le Nôtre (la tradition est généreuse, le génial jardinier devait travailler huit jours sur sept), ils charment surtout par leurs bosquets secrets, leur topiaire d'ifs et leurs très belles statues. L'actuelle propriétaire, Mme Pfeiffer, historienne et conférencière de métier, veille à entretenir l'ensemble, avec un souci dans l'immédiat, la restauration du donjon qui donne au lieu un cachet si particulier : ce vestige médiéval, associé par l'imaginaire du XIXe siècle à l'irrationnel romantique, contraste agréablement avec les lignes géométriques et les tailles soignées du jardin à la française.

La rectitude du dessin des jardins ponctués de topiaires contraste avec la pose assise du donjon qui surplombe les douves sèches.

Viels-Maisons

Viels-Maison ce n'est pas un jardin, c'est une femme. Bertrande de Ladoucette n'était qu'une débutante amoureuse des fleurs, de leurs combinaisons de couleurs et de formes quand elle s'est lancée, en 1993, dans la restauration des jardins. Ils font aujourd'hui, grâce à un travail acharné et à un goût de mieux en mieux maîtrisé, une des plus belles compositions florales de l'Aisne, du quinze juin aux premières gelées. Même si elle s'est adressée, pour dessiner les grandes lignes et répartir les grandes masses, à un architecte paysagiste de renom, Sonja Gauron, c'est elle qui est l'âme du lieu, c'est elle qui choisit, plante, sarcle, engraisse, taille et cela se voit aux multiples astuces techniques qu'elle multiplie pour limiter la tâche, c'est vital lorsqu'on l'assure presque seul. Trouver par exemple un paillage qui limite le désherbage tout en étant compatible avec l'arrosage automatique épargne des heures de main-d'œuvre et permet au même œil de jauger le jardin, à la même main de le tenir, ce qui engendre une relation d'amour très particulière entre le jardin et celle qui en est le maître.

De l'ancien château détruit à la Révolution il ne subsiste qu'un porche et des communs, des anciens jardins qu'une haie d'ifs et des murs d'enceinte. Lorsqu'il acheta le domaine en 1803, le préfet Jean-Charles de Ladoucette, l'aïeul de Bertrande, y traça, comme c'était la mode, un jardin à l'anglaise. Il en reste quelques séquoias, un thuya gigantera et, vers le bas, une pièce d'eau avec une île où deux cyprès chauves étalent leurs pneumatophores, ces racines si particulières qui évoquent les bayous de Guyane. Un ruisseau, le ru Mora l'alimente.

A Viels-Maisons, 32 rectangles de santolines, lavandes, thyms et fraisiers architecturent les jardins où poussent -entre autres-des rosiers (Graham Thomas, Mozart, Kew Rambler) et des clématites (Jean-Paul II, Dourdiana).

Bertrande de Ladoucette y a aménagé un petit havre de fraîcheur romantique, délicieux au plus fort des chaleurs, entre des boqueteaux d'ifs et d'acacias, en plantant au frais hostas, iris, weigelias et, dans la terre qui leur convient, bruyères, rhododendrons, acers et un magnolia sieboldi.

En longeant la douve de l'ancien château, on découvre en août et septembre, un joli jardin d'hydrangeas autour d'un érable à la spectaculaire écorce grise. Puis, en remontant les douves bordées de pivoines et de rosiers, on jettera un coup d'œil en passant au buste du préfet, niché dans une boule de buis. C'est alors la partie la plus haute du jardin anglais, bordée de houx, d'une spirée *prunifolia*, d'une viorne sargentii *onondaga* et de rosiers *Golden wings*. Des massifs arrondis offrent le camaïeu de couleurs des rosiers anciens et des pivoines.

Bertrande de Ladoucette raffole en effet de roses, elles sont omniprésentes chez elle, elles se marient par exemple aux clématites couvrant la pergola qui mène au jardin de curé à la française. Ce n'est pas pour rien que le rosiériste Jean-Pierre Guillot a créé pour elle, en 1998, une nouvelle variété nommée *Jardins de Viels-Maison*.

Sur les pommiers, courent des rosiers lianes (*Wedding day, Sir Cedric Morris, City of York*).

Le *Jardin de curé* et la rose *Jardins de Viels-Maisons* créée par Jean-Pierre Guillot.

Du côté est, le moins ombragé, adossé à l'église romane du XIe siècle, trois jardins ont été créés de toutes pièces depuis 1993. D'abord le *Jardin de curé*, composé de trente-deux rectangles où dialoguent iris, dahlias, fruits, plantes aromatiques et rosiers modernes ou anciens, et bordés de fraisiers, de thym, de lavande et de santoline. La composition autour de l'allée centrale qui part d'un vieux puits paraît toute simple, mais c'est la recherche des accords entre les différents rectangles, les différentes espèces, les différentes variétés qui fait tout le charme subtil de l'ensemble. Un petit jardin blanc du côté de la serre se remarque d'abord par le poirier pleureur à feuilles de saule, le mur recouvert de kiwis et l'aralia aux feuilles bordées de crème. Mais sans doute la curiosité la plus spectaculaire est-elle le cadran solaire analemmatique formé de douze cercles de fleurs, un pour chaque mois. Le visiteur se place au centre, à la place du style (la petite colonne) et son ombre indique l'heure, sur un parterre dont la couleur rappelle l'atmosphère correspondant au moment de la journée, jaune pour midi, violet pour sept heures du soir. Une recherche un peu compliquée, mais pleine d'ingéniosité et de soin, dans l'esprit des vieux jardins.

Au pied du château le parc à l'anglaise de quatre hectares plongeant dans la vallée de l'Automne offre de beaux arbres centenaires de collection .

Ce château serein, ses toits plats, ses escaliers monumentaux à la mode du XIXᵉ siècle a servi de villégiature non pas à des écrivains, comme souvent dans la région, mais à des peintres. Sans doute ceux-ci appréciaient-ils ces vastes pelouses, ces perspectives douces, cette eau mollement étalée que bordent, paresseux, joncs et iris d'eau. Le parc longe l'Automne, où ses grands arbres se reposent et se mirent. Les lieux heureux n'ont pas d'histoire, pas d'autre histoire que le plaisir de ceux qui les visitent.

Le nom claque comme la bannière des armées médiévales et, de fait, les ruines encore imposantes qu'on y visite en bordure de la forêt de Retz sont celles d'une des plus grosses places fortes de l'Aisne. Elle fut réaménagée au XVIe siècle et l'on peut y admirer une merveilleuse galerie Renaissance, ainsi que les restes de ce qui fut le premier château-pont de France , dont François Ier s'inspira pour Chenonceaux.

Le logis où l'on prend son repos pour rayonner dans la région, niché au calme, allie le raffinement des contemporains de Louis XVI aux agréments d'aujourd'hui. Chambres confortables et personnalisées, activités diverses et, cela ne gâte rien, table délicieuse.

De Hainaut en Laonnois

L'Aisne, département tout en longueur, n'en finit pas. Les jardins, même s'ils sont parfois au carré ou en carrés, l'imitent : ils n'en finissent pas... de se réinventer. Des Américains viennent y réécrire les saisons. Des vendangeoirs se transforment en jardins suspendus. Comme dans les contes de fées. Des religieux y font renaître des jardins d'abbayes cisterciennes. Et Caroline de Monaco y vient, en toute discrétion, regarder pousser les légumes de son potager de Marchais. C'est dire la variété des verts paradis qui habitent le pays où se réfugia le cardinal de Bernis.

Puisieux-et-Clanlieu

On n'a rien inventé à Puisieux. Tout était déjà là. Les arbres, la poésie, la lumière. L'essentiel, quoi! C'est une rencontre qui a fait le reste.
Comment je le sais ? Pardon, je vous ne l'avais pas dit, mais c'est mon jardin. Celui sur lequel je travaille depuis près de dix ans avec Jérôme. Lorsqu'on regarde les photos de Sam, on ne s'en rend pas compte. Tout semble parfait, posé, installé depuis toujours. Pourtant, nous en avons passé des moments à arpenter les cinq hectares du parc, à dessiner, à mesurer, à regarder.
Jérôme en a passé des heures à creuser, à tailler, à planter. Nous en avons passé des journées à nous demander si les rhododendrons allaient se plaire ici, si les hydrangeas allaient s'acclimater là, si les iris, si les pivoines, si les roses, je ne sais plus très bien, étaient à leur place, si les perspectives des allées se répandaient comme dans les livres d'architecture, si les jeunes plants ne feraient pas un jour trop d'ombre à leurs voisins, si les vieux cèdres accepteraient de cohabiter avec les bruyères (est-ce qu'elles n'auront pas trop soif ?), si le *jardin bleu* devait être bleu, si la roseraie devait être peuplée exclusivement de roses anciennes, de variétés contemporaines, si les alignements n'étaient pas un rien monotone, si les fouillis n'était pas trop brouillons.
Il est arrivé que l'on se trompe, qu'il faille renoncer (la nature a toujours raison) à des idées de plantations.
Le plaisir, les bonheurs, les joies, elles, sont restées. La magie du lieu a fait le reste.

Puisieux est une création "à patte humaine". Ses jardins sont géométriques ici, sauvages là : la rigueur des haies d'ifs répond à l'indiscipline des mixed-borders.

Les carrés d'oreilles d'ours alternent avec les lavandes dans les jardins bordurés de buis

Regardez. Voici d'abord le *jardin bleu*, colorié d'iris, de pieds d'alouette, d'agapanthes, de campanules, d'ancolies, de géraniums, mais aussi d'hortensias et de buddleias. Puis la *chambre méditerranéenne*, toute odorante de lavandes, de romarins, de stachys. À sa gauche la *chambre des roses*, traversée des tendres parfums des variétés anciennes, dont les noms évoquent parfois un monde de légendes mignardes, telle cette *Cuisse de nymphe émue*. Enfin on débouche sur le *jardin des lys* : la tradition prétend qu'un seigneur de Puisieux aurait sauvé la vie de saint Louis, qui lui aurait permis de porter les lys sur ses armes. Pour terminer, jetez un coup d'œil sur les mixed-borders. Et si vous avez le moindre doute, une question, et même un conseil, appelez-moi.

Saint-Quentin

Saint-Quentin mériterait d'être citée parmi les cités les plus vertes, ou du moins les plus horticoles de France. Outre les *Champs-Élysées* (récemment rénovés), qui, avec leur kiosque, leurs chaises, leurs pelouses est l'archétype même des jardins publics où des générations de citadins se sont promenés avec bonheur, on y trouve aussi la réserve du parc d'Isle, qui a la particularité unique en Europe d'être en plein centre ville.

Et c'est un plaisir rare que de voir en toute saison des espèces tout aussi rares d'oiseaux s'y ébattre en toute tranquillité, pour la plus grande joie des amoureux de la nature. Les projets abondent : un espace de jardins expérimentaux sur le thème de la flore et des marais est en cours de réalisation, de même qu'un parc des marais qui engloberait ceux dits *Chantraine*.

Bosmont est un bijou brut posé sur l'eau. Alentour règne partout le mariage de l'animal et du végétal, comme dans un conte.

Bosmont-sur-Serre

L'eau, la pierre, le végétal, l'animal : Bosmont-sur-Serre n'est pas grand, mais tout y est, c'est un bijou. Construit au milieu du XVIIIe siècle, le château allie bizarrement la fantaisie gracieuse du Louis XIII à la majesté du Louis XIV, sans la raideur grandiose qui alourdit parfois celui-ci. Deux ponts le relient au parc où paissent des daims. Dans les douves rêve un cygne. Ces présences animales ajoutent à la douceur du lieu, leurs mouvements déplacent par instants les lignes très claires d'un parc surtout conçu pour la promenade, la contemplation des grands arbres (dont une collection d'érables) et la méditation. Cette réserve dans le ton n'est pas de l'austérité : des fleurs, de fort belles statues et bientôt un potager ornent avec retenue un endroit que les vrais amateurs rechercheront.

Orgeval

À l'origine, la vigne est une liane, exubérante, que l'on doit tailler avec attention. À l'origine, Orgeval était un vendangeoir, une de ces belles maisons du XVIIIe siècle que possédaient les riches vignerons du Laonnois. Hélas, voilà cent ans, le terrible phylloxéra, ce pou mortel, a ravagé le vignoble, puis la Grande Guerre a passé et la vigne n'est plus revenue. Mais il subsiste de cet heureux temps des vestiges qui font le charme de l'endroit. D'abord les escaliers d'honneur, à balustres, qui symbolisaient la prospérité du maître. Des roses trémières, des pétunias, des jasmins d'hiver, des polyanthas grimpants les ornent maintenant. Et puis l'esprit des lieux est demeuré, cet esprit de la vigne qui transparaît dans la luxuriance extraordinaire de la végétation et dans les soins pour ainsi dire millimétriques qu'elle nécessite. Les vrilles de la vignes ne sont plus mais d'autres lianes les ont remplacées : vingt-cinq variétés de clématites dont la valse des couleurs et des formes entête plus qu'un parfum.

Le vendangeoir d'Orgeval est un miracle botanique, une poésie faite de fleurs comme d'autres le sont de rimes.

Ces clématites constituent la curiosité d'un jardin d'ailleurs gorgé de roses, de vivaces, d'annuelles, mais elles ne l'écrasent pas car en pays de vin, la mesure et l'équilibre restent la règle.

Orgeval, comme beaucoup de vendangeoirs, est bâti au flanc des coteaux ensoleillés où mûrissait le raisin. Le jardin est donc conçu en terrasses, sur trois degrés, à l'italienne.

Le buis, les plantes aromatiques, quelques cyprès prennent à certaines heures chaudes de l'été des allures presque toscanes.

Découvrez cet endroit seul, ou en tout petit groupe, pour ne pas déranger la tranquillité des fleurs, leurs dialogues subtils que trop de visiteurs brisent. Si vous n'avez pas l'ouïe assez fine, le propriétaire y suppléra :

ses protégées le rendent disert à l'extrême.

Pour profiter d'Orgeval dans toute la variété de ses couleurs et de ses fragrances, préférez les mois de mai et de juin.

Blérancourt

Peut-être n'aviez-vous jamais vu la création de Madison Cox et de Mark Rudkin sous cet angle ? C'est pourtant là qu'elle prend toute sa dimension.

Si beaucoup de jardins picards ont été marqués par la guerre 1914-1918, celui de Blérancourt en a tiré à la fois une leçon positive et la spécificité pour ainsi dire franco-américaine. De l'ancien château aujourd'hui disparu subsistent en effet quelques pavillons où l'Américaine Ann Morgan soignait les blessés pendant la Première Guerre mondiale et où elle fonda un musée historique. Et c'est autour de ces pavillons que les paysagistes Mark Rudkin et Madison Cox ont dessiné trois jardins. On les nomme *jardins du Nouveau Monde* parce que arbres, arbustes et fleurs y sont tous originaires d'Amérique, mais le tracé en carré et la topiaire tirée au cordeau illustrent la meilleur tradition *"à la française"*. Selon les saisons, on commencera la visite par l'un ou par l'autre bout. Le jardin de printemps et d'été frappera par la dominante blanche qui y règne. Lys, phlox, et penstémons y avoisinent un grand nombre d'annuelles, dont les tabacs et les cléomes, et des grimpantes, clématites, rosiers surtout, qui habillent une longue pergola et s'incrustent dans les murs.

Le jardin de fin d'été se compose, lui, presque exclusivement d'annuelles et de plantes à tubercules. On y distingue le côté jaune, avec ses tournesols, roses d'Inde, cosmos, héliopsis et dahlias, du côté bleu, où l'on peut admirer un dégradé d'ageratums, de verveine, de phlox, d'héliotropes, de dahlias mauves et de vendangeuses variées.
Enfin, le jardin de vivaces et de roses rappelle à l'horticulteur européen toutes les joies qu'il doit au Nouveau Monde. On se promènera ensuite sans craindre la fatigue dans l'arboretum planté comme il se doit d'essences telles que les érables et chênes d'Amérique, les tulipiers de Virginie, etc. : un peu partout sont installés des bancs de teck, réponse (trop rare ailleurs) aux besoins de confort et de repos des visiteurs. L'immense parking ombragé, l'accueil très sympathique, les soins attentifs de M. Diependale, le jardinier chef, s'inscrivent dans la même logique.

Le village de Paars, avec ses vieilles rues, son lavoir, sa jolie église et sa grange dîmière du XVe siècle abrite un jardin qui obtint deux années de suite, en 1996 et 1997, le premier prix des fermes fleuries de l'Aisne. Il le mérite par le goût raffiné qu'y révèle Mme Cesvet, la propriétaire, dans ses mixed-borders où l'on trouve, entre autres, deux cents sortes de vivaces, des rosiers, des arbustes à fleurs, des clématites. Couleurs, formes et volumes s'y associent avec bonheur... sans nuire à la bonne santé des végétaux, ce qui prouve la compétence de la jardinière. Celle-ci se permet parfois de petites fantaisies, tel ce ricin montant à deux mètres de haut ! Un défaut toutefois, la piscine, avec ses grillages pour la sécurité des petits-enfants : détournez la tête en attendant qu'elle ne soit masquée, et, si l'heure du repas approche, déjeunez sur place, c'est possible jusqu'à vingt personnes, et cela évitera de revenir jusqu'à Soissons.

Les mariages des couleurs et
des feuillages font l'un des
charmes de Paars.

Fondée en 1134 par saint Bernard, l'abbaye cistercienne de Vauclair, au sud-est de Laon, n'a pas eu de chance : les moines en ont été chassés à la Révolution et les bâtiments ont été quasiment rasés par l'artillerie lors de l'offensive Nivelle en 1916. Mais parmi les ruines qui demeurent aujourd'hui un but de visite apprécié, ont été aménagés des jardins fort intéressants. Notons d'abord peut-être le verger conservatoire créé par l'O.N.F. pour offrir une large collection de pommiers traditionnellement cultivés dans toute la France du Nord. Mais le plus spectaculaire est sans doute le jardin de simples créé par un religieux, le père Courtois. Sur un gigantesque damier sont groupés quatre cent vingt espèces médicinales différentes, notamment des plantes rares de la région. Des plantes d'ombre ont été placées dans le sous-bois et une mare forestière abrite la flore aquatique. Chaque variété est étiquetée et des expositions didactiques sont présentées dans un petit bâtiment.

Les jardins de Coucy s'intègrent naturellement dans les remparts du château médiéval.

Le nom de ce domaine chante dans toutes les mémoires des générations de cancres qui ont transpiré sur l'histoire du Moyen Age.

Les vestiges qui subsistent de cette gloire des XIIe et XIIIe siècles ont encore grande allure. Ils donnent aux prairies voisines, aux arbres, aux fleurs, une sorte de saveur douce-amère, comme une sorte de majesté terrible métamorphosée en sérénité familière. Et l'on ne s'étonne pas d'y voir cultiver avec amour un potager conçu sur le modèle médiéval, fruit du travail remarquable d'une poignée de passionnés et d'érudits.

Courcelles

Crébillon, écrivain leste du XVIIIe siècle, venait marivauder chez deux sœurs, "les demoiselles de Courcelles", qui possédaient ce château bâti sous Louis XIV. En leur temps, Racine, La Fontaine, Rousseau, les Dumas père et fils, Cocteau y séjournèrent. Château naguère fréquenté par ces écrivains, Courcelles est devenu un havre de paix pour ceux qui veulent y déguster des livres dans des canapés confortables. Les topiaires sont impeccablement taillées et, la nuit, le silence est souverain.

L'accueil, la décoration des chambres, la cuisine (répertoriée au guide des Relais et Châteaux) tout entiers à la dévotion du champagne dont les terres sont proches, séduisent. Quant au parc, vaste de vingt hectares, il propose, outre ses allées parmi les pelouses bordées de topiaires, un grand choix de sports et de délassements : piscine, promenade en barque, tennis, vélo, VTT, équitation.

Au cœur de la Somme

C'est le cœur et le poumon vert de la Somme et pourtant, en saison, on pourrait se croire en Hollande, avec ces barges et ces paniers de fleurs qui débarquent des hortillonnages. Plus à l'est, des amateurs ont tapissé leurs massifs d'armoises, de saxifrages, de pivoines et de bulbes au bord d'une allée de glycines. Enfin, à l'ouest, près du lieu où Laura Ashley aimait venir se reposer naguère, des antiquaires se sont faits un peu peintres pour élire les couleurs de leur jardin.

Amiens

L'histoire a retenu une paix d'Amiens que Bonaparte, Premier consul, signa avec l'Angleterre en 1802. Elle n'a pas duré. Si vous voulez connaître la véritable paix d'Amiens, visitez cette chose unique en Europe que sont les hortillonnages. Il s'agit d'une extraordinaire marqueterie de parcelles maraîchères et florales appartenant à des particuliers, les hortillons. À l'origine, il s'agissait d'ouvriers qui ont mis en exploitation d'anciennes tourbières. L'une des caractéristiques de ce patchwork horticole de trois cents hectares, c'est qu'il commence en plein centre ville, au pied même de la cathédrale et de son portail où trône le Beau Dieu, pour s'étendre jusqu'aux communes de Rivery, Cammon et Longueau. Cela fait belle lurette que les Amiénois ont mis en pratique le fameux conseil écologique d'Alphonse Allais, ils ont construit leur ville à la campagne. Une autre originalité de ces hortillonnages, la principale peut-être, est de réserver leur intimité aux visiteurs qui prouvent leur ferveur en prenant le bateau : on n'y pénètre qu'à bord des barques à cornet, longues embarcations plates relevées aux deux bouts pour accoster sans abîmer les berges.

Vous qui entrez dans les hortillonnages, laissez le stress et la fébrilité : la végétation et l'eau auront tôt fait d'absorber le bruit de la ville, qui s'éloigne au rythme lent des rameurs. On n'entend bientôt plus que le silence régnant sur des centaines de canaux presque immobiles, que bordent souvent des saules ou des peupliers. À votre passage se lève parfois quelque oiseau d'eau, canard, foulque, martin-pêcheur. Ces rieux arrosent comme une éponge une terre cultivée jusqu'au moindre centimètre carré par les hortillons. Tel est le vieux mot picard dérivé du latin dont on nomme les jardiniers propriétaires. Le principal souci de ceux-ci n'est pas le soin jaloux de leurs plates-bandes ou de leurs échalas, mais l'entretien régulier des berges, lesquelles sont extrêmement fragiles. Une association pour la protection et la sauvegarde des hortillonnages permet à des artisans spécialisés d'y contribuer pour un prix abordable. Son actuel président, M. Nisso Pelossof, entend ressusciter la pratique des marchés sur l'eau. Elle organise aussi les visites, grâce à une équipe d'hortillons bateliers qui coiffent pour l'occasion la casquette de guide. Ils accueillent soixante mille touristes par an. Vous pouvez aussi louer votre barque, la navigation n'est pas trop difficile, et vous serez plus à votre aise pour rêver sur un reflet d'eau, sur un relent d'humus, sur une brassée de couleurs. Selon la saison et votre humeur, ce petit Eden flottant pourra vous rappeler aussi bien, par sa luxuriance, les potages de Madurai, dans le sud de l'Inde, que, par un je ne sais quoi dans l'air, les prenantes brumes de Bruges. Si le froid vous gagne, faites-vous servir au retour une soupe des hortillons, savant mélange des produits du lieu, où la laitue revenue au beurre et le cerfeuil frais tiennent une place discrètement déterminante.

Le tracé du XVIIIe siècle est resté intact.

La préfecture de la Somme loge dans un fort joli bâtiment qui fut dans la seconde moitié du XVIIIe siècle l'hôtel des intendants de Picardie. Les jardins cachés à la vue par la façade principale du côté de la rue de la République, recèlent une collection d'arbres de grande beauté qu'il serait dommage de manquer. Bien que transformés en potagers à la Révolution, ils ont conservé, notamment, un cèdre du Liban planté par Dom Robbe, fondateur du jardin des plantes d'Amiens, en 1756, soit vingt-deux ans à peine après l'introduction de l'espèce en France par Jussieu. Parmi les autres spécimens remarquables, citons les platanes installés en 1815 lors de la restauration des jardins. Ils atteignent trente-cinq mètres de hauteur et, pour l'un d'entre eux, quatre mètres quatre-vingts de circonférence. Le séquoia de Californie, les deux gingkos bilobas, ces conifères fossiles dont les feuilles sessiles tombent à l'automne en pluie d'or, le pin pleureur de l'Himalaya, le tulipier de Virginie et d'autres encore, plus communs, mais tous en plein développement, majestueusement étalés sur les pelouses, donnent au lieu un sentiment d'ampleur et d'harmonie.

Un splendide cèdre du Liban planté en 1756, sans doute l'un des plus vieux arbres de Picardie, cohabite avec des platanes, des gingkos bilobas et un sequoia dans le parc de la préfecture.

Davenescourt

La palette de Davesnecourt est multiple, à toutes les saisons : asters, arbres à écorce, cyclamens de Naples, hélianthus, ellébores, hammamélis.

Chut ! Taisons-nous. Ne détaillons pas les parcs, à l'anglaise, à la française, les collections d'hydrangeas, l'arboretum. Arrêtons-nous. Respirons. Apprécions la profusion variée des rosiers. Mais aussi cette odeur de terre et d'eau qui monte de l'étang. Reposons notre œil sur le miroir de celui-ci. C'est le seul espace immobile du jardin, c'en est le centre de gravité, autour de quoi s'enroulent les fleurs, les lianes, les cascades, dans une silencieuse exubérance. Mme Odile d'Hennebert organise depuis des années, par des combinaisons imprévues de végétaux de toutes sortes, cette fête sensuelle et romantique, cette luxuriance de la sève qui plonge paradoxalement dans un grand calme. De l'élan des formes et des couleurs naît une étrange sérénité.

Samara

Le nom de ce jardin étrange sonne comme une pyramide, comme un conte arabe ou... comme une rivière gauloise : Samara. C'est ainsi qu'on nommait la Somme du temps que les populations riveraines sacrifiaient aux dieux des eaux. La réalité d'aujourd'hui s'accorde à ce mystère. On entre d'abord, par la voie de l'archéologie gauloise, au pied d'un oppidum, dans un arboretum touffu de 110 espèces qui, vu de haut, ressemble à un monstre marin. Puis l'on passe côté botanique, dans un labyrinthe où se cachent six cents variétés. Enfin, une animation explique les méthodes de lagunage utilisées sur le site, la culture in vitro, l'élevage des abeilles.
De sorte que l'on peut éprouver l'impression fugace de visiter une sorte de Botanic Park. Rassurez-vous pourtant, on sort indemne du voyage dans le passé, des explications scientifiques et du labyrinthe, sans y rencontrer ni Minotaure ni topiaire carnivore.

Le labyrinthe mèr
à six cents variété
végétale

Le talent se concrétise là dans le dessin, la plantation et les soins.

Le château de Digeon, à Morvillers-Saint-Saturnin, a été construit au XIXe siècle dans un goût qui s'applique à imiter les XVIIe et XVIIIe siècles : cette double aspiration se retrouve dans les jardins, avec les cours paysagères du parc et le dessin géométrique du potager. Depuis qu'une famille de pépiniéristes-élagueurs-paysagistes a repris leur destin en main, ils ont retrouvé de l'allure, de la vivacité et l'on peut dire qu'ils sont maintenant un chef-d'œuvre au sens propre du terme, c'est-à-dire un objet où l'artisan prouve l'étendue de son talent et de ses compétences, lesquels se concrétisent ici dans le dessin, là dans la plantation, là encore dans les soins. L'un des fils, qui consacre sa vie à l'élagage, développe ses connaissances sur les arbres centenaires, en particulier sur les hêtres ou sur l'impressionnant Sequoïa gigantea dont la haute silhouette transpose dans ce décor champêtre l'atmosphère des forêts préhistoriques. Les autres suivent leur père dans l'entretien du très curieux potager, avec ses dessins géométriques complexes, la taille des arceaux et des berceaux, la plantation de rosiers anciens ou contemporains. Rien n'est négligé, la betterave, l'oseille et la laitue sont traitées avec autant d'amour que le bel iris ou le noble hydrangea.

L'impressionnant Sequoia gigantea transpose dans un décor champêtre l'atmosphère des forêts préhistoriques.

Le jardin du Pic Vert s'inscrit au flanc d'un coteau de la vallée de la Selle, dans le village de Tilloy-lès-Conty, à dix-huit kilomètres d'Amiens, autour d'une ferme picarde datant du XIXe siècle. Dès l'entrée, que parfume à la fin du printemps un grand tilleul, l'on découvre le charme de cette fermette en lambrissage. Les dépendances sont reliées entre elles par des murs de pierres et de briques qui servent de support et d'abri aux plantes, et de structure au paysage. Dans cet espace restreint (6000 mètres carrés) règne la seule logique des jardins paysagers répartis sur plusieurs compartiments.

D'abord le jardin de la cour intérieure, dessiné en 1988, avec ses vivaces et ses arbustes de collection autour d'une mare aménagée pour y mettre en valeur les raretés de la flore aquatique. Puis deux autres créations plus récentes. Un jardin d'ombre, d'abord, avec ses variétés d'hostas, de fougères, d'hydrangeas, de polygonum, d'astilbes et autres thalietrum, mamium ou ajuga, dont certaines reçoivent la lumière tamisée d'un cerisier du Japon couvrant environ cent mètres carrés.

Pour finir, l'ancien verger a été remodelé à l'anglaise autour d'un bassin artificiel, avec d'autres vivaces, d'autres arbustes et des conifères. Citons pour mémoire le potager en cours de transformation. Le jardin du Pic Vert, compte déjà mille cinq cents variétés dont plusieurs assez rares. On notera en particulier les collections de magnolias, d'érables du Japon, de sureaux, de delphiniums et de sedums.

Après le côté jardin, il y a le côté pépinière. Avec une culture traditionnelle de pleine terre pour les arbustes et certaines vivaces, et une culture en container pour d'autres vivaces. Toujours en plein air avec terreau et engrais organiques. Le jardin sert entre autres de hall d'exposition pour la majorité des plantes cultivées en pépinière et de terrain d'expérience pour les nouvelles variétés. Suivant les saisons, la maison vend, outre les produits de la pépinière, ceux du potager et du verger et, en toute saison, des fleurs séchées et des décorations de jardin.

Le jardin d'ombre et ses hostas, fougères, hydrangeas, polygonum, astilbes et autres thalietrum est protégé par un magnifique cerisier du Japon.

Les Monuments historiques ont classé le château pour la pureté de sa façade et de ses toitures, et la propriétaire est justement fière des boiseries Directoire du rez-de-chaussée. Le visiteur, lui, prendra un plaisir particulier à savourer un parc qui conjugue le tracé régulier des parterres et des broderies à la française et le charme de son arboretum. La collection des grands arbres ne se soucie pas seulement de conserver et de présenter au public des spécimens venus des quatre points cardinaux; elle les combine ou les oppose de manière à en faire naître des émotions esthétiques et poétiques. Quelques curiosités donnent du piment à cet ensemble qui aurait séduit l'abbé Delille : la grotte du jardin, le château d'eau ancien, classé Monument historique, la splendide grille de fer forgé et enfin les statues dont l'une, signée Jacquemart, est une pièce unique, merveilleuse d'équilibre et de finesse.

Le château de Courcelles-sous-Moyencourt adossé à un parc à l'anglaise qui comprend un arboretum composé de résineux bicentenaires, d'allées de rhododendrons et d'une grotte de rocaille, aurait plu à l'abbé Delille.

Ferrières

Avec Ferrières, on entre dans le domaine enchanté des jardins-bouquets, des jardins-fouillis, des jardins-poésie, des petits jardins d'artistes. Caroline Campin est peintre, illustratrice de galets qu'elle ramasse sur la plage non loin du Tréport.

C'est tout un monde de rêve intérieur qu'elle met en scène dans son jardin-dînette. Feuillages et fleurs s'y livrent à une danse fantasque, sarabande de formes et de couleurs, qui donne en toute saison un joyeux tournis. Mais chacun sait qu'un beau désordre est un effet de l'art : chaque fleur a sa place, chaque brindille est taillée au millimètre par la main légère de la jardinière. Et par un paradoxe lié peut-être à sa nature féminine, cette longue et patiente création de richesses végétales, cette imitation de la jungle qui prend parfois des allures d'enluminure, se savoure en fait le mieux, selon Caroline Campin, l'hiver, quand elle se dépouille du poids des roses aimées et du moutonnement des plates-bandes, *"quand la lumière hivernale met sur le givre toutes les silhouettes en relief"* .

Chacun sait qu'un beau désordre est un effet de l'art, et lorsque l'on est peintre et que l'on crée un jardin, l'on attend de lui son inspiration, son refuge, ses richesses, son art...

Small is beautiful. Nulle part autant qu'ici le slogan lancé contre le gigantisme n'a trouvé sa pleine application. Dans les ruines d'un château du XVIIIe siècle dont subsiste encore une aile, la chapelle et les terrasses, paresse un petit ensemble de plates-bandes et d'arbustes autour d'une pelouse tranquille dont la fonction principale semble être de recevoir un soleil extrêmement généreux pour ces contrées. Les bâtiments disparus ne font plus d'ombre, c'est une lapalissade, les murs renvoient la chaleur, et il règne une quiétude de lézard, douillette et gaie, dans ce petit jardin.

Il était une fois un jardinet clos de 400 mètres carrés qui offrait quiétude et chaleur.

Partant d'une grille monumentale, une majestueuse allée d'arbres mène au château dont les élégances Louis XV et Louis XVI vous attendent. Laura Ashley, son ancienne propriétaire, y avait apporté tout son soin de décoratrice. Et elle aimait, au breakfast, laisser vaguer son regard sur les calmes pelouses du parc.

C'est à l'heure du thé, ou du whisky and soda si vous préférez, que vous rallierez Remaisnil pour la halte nocturne après une journée de rêve dans les jardins des environs. Sa grâce XVIIIe siècle favorise le repos dans des chambres où flotte encore l'esprit de Mme Ashley qui fut, comme chacun sait, une femme de goût.

De Ponthieu en Vimeu

C'est le pays de la mer, du Marquenterre et des falaises de craie ; celui des "muches", ces souterrains-refuges qui abritaient les villageois au temps des guerres franco-espagnoles ; celui encore de la serrurerie. C'est le pays des abbayes aussi, Saint-Riquier et surtout Valloires dont le jardin a été génialement réinventé par Gilles Clément. Et puis, surtout, c'est un pays de "folies" : celles d'hier, comme à Bagatelle; ou celles d'aujourd'hui, comme à Harcelaines, sur la Bresle, ou plus loin dans les terres, dans le Doullennais, à Maizicourt.

Laissez-vous attirer non loin de la baie de Somme, au cœur de la vallée de l'Authie, par la beauté de l'abbaye de Valloires, à Argoules. Elle fut fondée au XIIe siècle par les moines de Cîteaux. Les bâtiments, reconstruits au XVIIIe siècle, méritent plus qu'un regard. On se souviendra du cloître aux élégantes toitures, de la chapelle qui a conservé de son ancienne fonction d'abbatiale des grilles superbes, des stalles, un buffet d'orgues et de beaux gisants, enfin du colombier datant du XVIe siècle.

Ne vous laissez cependant pas distraire de l'essentiel : les extraordinaires jardins qui entourent l'abbaye, dessinés par le paysagiste Gilles Clément en 1987. Il y a d'abord le jardin à la française, ou *jardin d'abbaye*, avec ses perspectives pures et sereines, en harmonie avec la majestueuse cour d'honneur tracée en hémicycle. Il se compose de deux mille rosiers, associés à des légumes, des plantes condimentaires ou médicinales, rangés en carrés de cinq mètres de côté, à la manière cistercienne.

Pour les roses, on a choisi surtout des variétés anciennes dans les tons pastel, avec une dominante de blanc et de rose très pale. Un peu plus loin se situe le *jardin des marais*. Gilles Clément s'est souvenu que Cîteaux vient du mot *cistels*, les roseaux, et il a apprivoisé l'eau qui imprègne tout le site, l'a drainée par un système de petits canaux et de fontaines vers un bassin où règnent les espèces hydrophiles. Récemment revenu sur les lieux de sa création, il l'a enrichie d'une quadruple collection de fougères, de bambous, de plantes grimpantes et aquatiques. Car Valloires est aussi un conservatoire de collections. Quatre mille espèces d'arbustes et d'arbrisseaux rares y prospèrent, la plupart au sein d'un jardin anglais séparé du jardin à la française par une très curieuse haie de cerisiers du Japon au port horizontal. Est-ce l'influence de l'eau toute proche ?
Les collections sont regroupées sous le nom d'îles semées sur les pelouses. *L'île d'hiver* pour les arbres à écorce rouge, verte, rose ou blanche, *île d'argent, île d'or, île pourpre,* pour les plantes à feuillages décoratifs : c'est l'emploi des végétaux et non la botanique, qui a décidé de leur classement. À une exception toutefois : Valloires est aussi un conservatoire spécialisé dans le genre *Rubus*, en français... les ronces !

La création de Gilles Clément sous ses multiples visages : la rigueur des carrés du *jardin d'abbaye* et la liberté retrouvée des plantes dans le *jardin des marais*.

Pour rappeler l'esprit cistercien, les roses ont été choisies parmi les variétés anciennes dans les tons pastel, avec dominante de blanc et de rose pâle.

L'amabilis, originaire de Chine, joint une tige duveteuse, et la deliciosus, qui pousse dans les montagnes Rocheuses, porte des fleurs aussi belles que l'églantier. À ces charmes inattendus s'ajoutent, bien sûr, à la saison, les mûres, de toutes les formes, de toutes les couleurs, de toutes les saveurs. Aujourd'hui partagée entre une institution pour enfants en difficulté et l'hébergement des visiteurs, Valloires revendique l'immémoriale fonction des abbayes : l'enseignement. On y a créé, en 1998, un *jardin des cinq sens* principalement destiné à l'initiation des plus jeunes. Ils y exercent leur goût, par exemple, en distinguant le sucré de la fraise de l'acide de la pomme verte, de l'amer de l'oseille ou du sel des salicornes. Ceux qui ont le courage de toucher découvrent le pouvoir urticant de l'ortie, le poisseux du latex de pissenlit, à moins qu'ils ne préfèrent la douceur de l'armoise. Si l'ouïe n'est sollicitée que par le chant des feuilles de tremble, le nez parcourt toute la gamme du parfumeur, du citrus à la menthe en passant par les lys, le feuillage du pélargonium, l'origan et l'écorce de cèdre. Un voyage extraordinaire, à dérouter Marcel Proust.

Regnière-Écluse

D'embellissements en agrandissements, le jeune comte d'Hinnisdal élèvera à partir de 1830 l'orgueilleux monument dans l'esprit d'un Louis II de Bavière.

C'est une folie néo-gothique que commet en 1830 Herman, jeune comte d'Hinnisdal lorsqu'il hérite ce domaine situé près de Saint-Riquier. Le manoir n'avait jamais été vendu depuis que François de Soyecourt l'avait fait construire en 1553, mais il n'en restait pas grand-chose. Rien qu'un merveilleux support à rêve. D'embellissements en agrandissements, Hinnisdal va élever l'orgueilleux monument que l'on peut voir aujourd'hui dans le goût troubadour et dans l'esprit d'un Louis II de Bavière.

Cet être de brique et de pierre est plus que sa chose, c'est la continuation de lui-même. Il appliquera strictement les théories des architectes anglais Kent et "Capability" Brown en faisant du parc, des bois et de la campagne alentour un seul ensemble cohérent conçu pour le plaisir du châtelain. À cette fin, il n'hésitera pas à déplacer une partie du village voisin, à encaisser la grande route afin qu'on ne la voie pas, à araser des buttes et planter d'immenses bouquets de hêtres afin que sa vue se repose sur les axes qui lui étaient chers, la colline face au château, le vallon sur sa gauche et la longue perspective à travers la forêt de Crécy.

Ainsi le paysage dans son entier concrétise-t-il la contemplation de ce démiurge local. Écluse vient du latin *sclusa*, qui désigne le lieu de réclusion de l'ermite, et Regnière évoque la puissance royale.

Est-ce une simple coïncidence?

Maizicourt

Maizicourt, c'est une histoire d'amour entre un lieu et des propriétaires, histoire représentative de tant d'autres restaurations en Picardie. En 1989, après douze ans d'abandon total, le château est racheté. Du parc, il reste bien alors quelques arbres, mais la plupart poussent leurs racines dans les murs mêmes du bâtiment principal.

Alors commence le défrichage. Bientôt la cour d'honneur et l'allée centrale sont regagnées sur la jungle puis, à force de patience et de travail, les choses reprennent leur beauté première au fil des années soixante-dix. Plus personne aujourd'hui ne saurait se remémorer la friche d'hier dans l'abondance des mixed-borders, du jardin de curé, du potager avec sa haie de chèvrefeuille, des arceaux de rosiers, ou dans le calme loisir du cloître restauré. On se promène dans le jardin de Maizicourt comme on savoure un vin au bouquet complexe, goûtant aux vivaces près du puits, s'étonnant aux semis de graminées dans les galets, admirant l'harmonie des plantes qui recherchent la fraîcheur acide au pied du grand hêtre.

Les guirlandes de roses en festons évoquent une ronde de petites filles modèles.

Il y a aussi le *verger de Lucie* avec ses pommiers ornementaux, la *prairie de Charlotte* et ses cerisiers du Japon, et les mares, la nouvelle, où baignent l'arum et la pétasite, l'ancienne, encore humide, où règnent l'hosta, l'hémérocalle et les astilbes.
Le visiteur ne sait plus où donner de l'œil ou du nez, il passe et repasse par un dédale d'allées, l'allée des noisetiers palissée de rosiers anciens, l'allée des buis où fleurissent cytises et clématites, l'allée des charmes où se remarquent les fruits décoratifs des rosiers moyesii, l'allée des bulbes, celle des marronniers, et enfin celle des sangliers signalée par ses haies vives souvent piquantes, d'aubépines et de houx.
Comme pour parfaire cette changeante bigarrure, les propriétaires élèvent aussi des volatiles aux teintes elles-mêmes variables, moirées, poules nègres soies et pigeons paons.

Doullens

Situé au confluent de la Grouche et de l'Authie, cet aimable bourg picard est un condensé d'histoire de France, et de la plus belliqueuse. Il n'est pas une guerre sérieuse depuis le Moyen Âge qui l'ait épargné. Louis XI le fit même brûler en 1475 pour le punir de s'être rallié à Charles le Téméraire, François Ier et Henri IV le disputèrent aux Espagnols, Vauban bien sûr le fortifia et, surtout, en mars 1918, les armées allemandes commandées par Luddendorf s'approchant à nouveau de Paris, Foch y obtint le commandement unique des forces alliées lors d'une entrevue dramatique qui décida du sort de l'Europe. Aujourd'hui, l'eau du ciel a lavé le sang. L'heure est aux fleurs et à la sérénité. Grâce aux jardiniers, la vie a plus d'invention que la mort, et la richesse de sa palette rend au paysage une joie profonde que rien ne saurait entamer. Ses remparts sont devenus une porte ouverte sur le monde. On s'y prend même à rêver aux jardins suspendus de Babylone, à Sémiramis. C'est aussi l'avis de dizaines de pépiniéristes anglais, belges et hollandais qui affluent lorsque la ville accueille sa fête des plantes, devenue en quelques années une référence internationale, probablement l'une des plus riches d'Europe si l'on en juge par les raretés qu'on y déniche.

Sous les remparts de Doullens,
des fossés de fleurs.
*"Pères de famille inspirez
la jardinomanie à vos enfants.
Ils en deviendront meilleurs."*
Prince de Ligne.

Ribeaucourt

Puriste ne sonne pas bien : Guy Cattaux n'est donc pas un puriste, mais un amoureux fou, c'est-à-dire rigoureux, des jardins à la française. En bordure du parc aux daims du château de Ribeaucourt, il restaure patiemment une belle maison de maître ; devant elle, le plus élégant, le plus pur des tracés, digne d'un Le Nôtre, avec ses broderies de buis terminées en volutes, ses lavandes, ses hydrangéas et ses gloriettes de roses anciennes.

Point n'est besoin d'une grande surface pour changer de monde : un simple mur de séparation noyé sous les fleurs suffit pour passer à un autre plaisir digne de Versailles. De petites "chambres de verdure", ces petits théâtres de fraîcheur et d'isolement, ces cabinets de méditation ménagés dans les bosquets vous attendent.

Si, comme c'est le cas pour les amateurs de vin, la conversation augmente le plaisir de la dégustation, n'hésitez pas à parler au propriétaire, c'est un érudit féru des XVIIe et XVIIIe siècles français.

De souples et élégantes volutes terminent les broderies de buis de Ribeaucourt.

Bagatelle

Les Chagnon, qui rénovent Bagatelle, sont des "fous". Au bon sens du terme. Leur folie est admirable. La tâche à laquelle ils se sont attelés est immense : redonner à la "folie" (dérivé du mot latin *foleia*, qui veut dire feuilles, le terme désignant plus largement une habitation dans la verdure) construite en 1750 pour Abraham Van Robais, puis embellie par les Wailly, son lustre d'antan.

Tout était à remettre en état : le boulingrin, le pavillon de Babylone, les massifs. Il a fallu en finir avec les ronces et les orties. Il a fallu tondre, repeindre, herser, bref ! retrousser les manches. Il a fallu tailler les buis devenus sauvageons, redonner forme aux topiaires d'ifs. Sur le boulingrin, Mme Chagnon a conservé les aubépines taillées en boules, mais a ajouté une touche de couleur en adjoignant des rosiers *Katherina Zeimet*.

Sur la façade côté campagne, elle a restauré la double rangée de tilleuls, brodé une dentelle de buis qui reprend le dessin des œils-de-bœuf du premier étage. Sobriété des tons, équilibre de l'architecture, harmonie des symétries : les propriétaires ont travaillé dans les règles de l'art pour rénover cette propriété inscrite à l'inventaire supplémentaire des Monuments historiques depuis 1946.

Sobriété des tons, équilibre de l'architecture, harmonie des symétries : les règles de l'art ont été respectées pour rénover cette belle propriété dont le rose de la façade se reflète dans la pièce d'eau.

Sur la façade côté campagne, la propriétaire a restauré la double rangée de tilleuls et brodé une dentelle de buis qui reprend le dessin des œils-de-boeuf de l'étage.

Ils n'ont pas oublié la botanique. Dans le parc à l'anglaise, des parterres de fougères, d'hellébores, d'euphorbes et d'hostas ont été créés. La collection d'essences rares, initiée au XIXe siècle, a été complétée avec la plantation de 35 nouvelles variétés d'érables. On a ajouté un bosquet de magnolias, où l'on trouve notamment le *Butterflies*, des mixed-borders autour des serres, des tapis de perce-neige (qu'on appelle là-bas *goutte de lait*) pour le printemps, des gingkos, des hêtres et des érables pour l'automne.

Deux cents ans après Michel-Jean Sedaine, on pourrait de nouveau écrire à propos de Bagatelle : *"...son jardin est un lieu délicieux, où le philosophe le moins abstrait douterait souvent de son existence..., c'est une merveille enfin !..."*.

Beauchamps

Sur la route d'Incheville, est un grand portail avec une inscription : *Le jardin de Claire*. C'est un endroit secret, pour les initiés. A sa manière, Jean Duhamel est un poète. Il n'aime que les amoureux, les passionnés du végétal. Lui-même en est un : sur 1700 mètres carrés, il cultive ce que la nature lui a donné et ce que son talent de coloriste lui a inspiré. De mai à juillet, il attend de pied ferme le visiteur pour lui faire partager son bonheur de cohabiter toute l'année avec des dizaines de variétés de rhododendrons, d'iris et de pivoines. Figaro de métier, c'est un roi de la taille - de la taille douce, bien sûr - avec un doigté pour les greffes qui aurait fait rêver bien des crânes dégarnis.

"Est-il sur notre terre un ornement plus doux des heures de loisir, que la culture des fleurs?" A Maurice Maeterlinck on répond, à Beauchamps, en magnifiant iris et rhododendrons.

L'ancien pré à moutons ne vit plus que
par ses 65 variétés de narcisses, ses cosmos roses,
ses hydrangeas tricolores, ses massifs de bruyères,
de rhododendrons et de viburnums.

Les jardins d'Harcelaines à Gamaches ne se résument pas ; ils se découvrent in situ. N'espérez pas les comprendre si vous rechignez à vous intéresser à quatre siècles d'histoire locale. Ici, tout est une histoire de famille. Dans le désordre, il y a Henri, le père, intarissable. Notamment sur les meconopsis, sa fleur préférée. Il a la foi des convertis. Ancien agriculteur, il a redécouvert la botanique sur le tard, grâce à son voisin de Beauchamps, Jean Duhamel. Aujourd'hui, il ne vit plus que pour ses 65 variétés de narcisses, ses cosmos roses, ses hydrangeas tricolores, ses massifs de bruyères et de rhododendrons. Posez lui une question, une seule, et le voilà qui vous entraîne dans le parc pour vous montrer son pistachier grand prix de Courson, sa collection de fougères, ou son terrain de croquet installé sur un green impeccable. Et si vous vous intéressez aux vieilles pierres, interrogez sa femme : elle vous contera l'histoire de l'église Saint-Saturnin, une belle bâtisse du XVIe siècle construite en “marlon” (pour y entrer, il suffit de pousser une porte qui donne directement dans le jardin), les secrets de son retable du XVIIIe siècle, de ses quatre évangélistes en blochets ou de sa statue de saint Nicolas.

Depuis quelques années, on n'en finit plus de planter à Harcelaines. Devant l'ancienne maison de maître, il n'y avait hier que trois grands massifs de rosiers *atlantic* rouge vermillon et des pâtures pour les moutons. L'an dernier, Henri a retracé les allées qui existaient du temps de sa grand-mère, a adjoint ici des érables, là des hostas, là encore des vivaces. De l'autre côté du parc, c'est le royaume de son fils, Vincent. Dans une ancienne grange, ce publicitaire a posé ses pénates et il n'est pas rare de le trouver nettoyant son potager. Comme dit son père, *"il est plutôt légumes, je suis plutôt fleurs"*. Sur un bras de la Bresle, il a jeté des ponts, planté des iris, des chrysanthèmes des moissons et n'a pas hésité à faire cohabiter gunneras et bananiers.

A la tombée du jour, c'est un petit paradis ; il est déjà huit heures du soir, et vous n'avez pas vu le temps passer.

Saint-Valery-sur-Somme

Sous les pavés, le jardin. Ils n'étaient pourtant pas spécialement soixante-huitards, les quatre jardiniers de Saint-Valery-sur-Somme, groupés autour d'un pharmacien botaniste, qui commencèrent un beau jour à planter dans la rue de leur cité natale. Cela se passait dans les venelles en pente de la vieille ville fortifiée. La municipalité, surprise, leur abandonna une bande de terrain désormais soustraite aux traitements herbicides des services de la voirie. Alors se constitua l'association de l'herbarium des remparts, dont le but avoué est de fleurir les murailles de l'ancienne forteresse, d'abolir en quelque sorte la poliorcétique sous la botanique. Il s'agit moins d'orner la ville (encore que...) que d'instruire le passant sur son patrimoine. On y trouve bien sûr une partie topiaire, avec diverses essences d'arbustes taillés et plusieurs massifs de plantes ornementales. On y trouve aussi, pour le plaisir des gamins, de petits fruits, baies akènes et drupes, groseilliers, framboisiers, cassis, fraisiers. Ne manquez pas non plus le secteur des légumes et simples, avec les plantes condimentaires et les médicinales y compris les poisons, que la pédagogie recommande de faire connaître. On trouve même des céréales, variétés aujourd'hui introuvables, ou blé commun. Mais le plus intéressant sans doute, le plus authentique certainement, est la partie conservatoire des espèces locales, qu'elles proviennent de la dune, du coteau calcaire, des marais ou du sous-bois. Certaines sont venues toutes seules, spontanément, dans une anfractuosité de la pierraille, tels le chou marin, la guimauve ou la nivéole d'été. Pour d'autres, on a évidemment modifié le terrain d'accueil en fonction du biotope d'origine. L'ensemble est instructif et, osons le dire, réjouissant.

A Saint-Valery-sur Somme, *"le jardin choral formé de mille voix de fleurs".* (Norge)

A Port -le-Grand, on se croirait en Angleterre, avec ses pelouses bordées des indispensables mixed-borders, ses rosiers anciens courant sur armatures en bois et ses tapis de printemps.

A quelques kilomètres du bourg de Port-le-Grand, en lisière d'une forêt, on découvre un beau domaine agricole. C'est Bonance. Tournez à droite, remontez une allée bordée de pelouses où jonquilles et narcisses montrent leur nez en saison, vous êtes chez Myriam Maillard. On se croirait déjà en Angleterre avec ces haies de lauriers bien taillées et, en mai, cette pivoine arbustive qui semble garder amicalement l'entrée. Il est vrai que le channel n'est pas loin, Le Touquet non plus. Au milieu de tout cela trône la *maison carrée*, comme on la nomme ici. On sent la patte de quelqu'un de dynamique et d'inventif derrière ce parc paysager de trois hectares divisé en deux parties bien distinctes. D'un côté, un jardin clos de murs où pousse une roseraie; de l'autre, une pelouse bien britannique bordée de mixed-borders. Des rosiers anciens courent au pied des lavandes sur une jolie armature en bois tandis qu'un tapis printanier se déroule sous un flamboyant verger.

Dans cette halte d'un genre tout particulier (Bonance est à la fois une exploitation agricole, un jardin de senteurs et un relais d'hôtes), les allées de narcisses et de jonquilles conduisent à la "maison carrée". Un spectacle qui se goûte au printemps.

Cette allée printanière, à Port-le-Grand, ne fait-elle pas songer à l'atmosphère d'un tableau de Le Sidaner?

Les chambres d'hôtes sont à l'image du parc, confortables et de bon aloi. Les Britanniques se sentent chez eux dans cette maison qui rappelle l'Angleterre, aussi bien au coin du feu, dans le salon, que dans les chambres très "cosy".

Ce livre n'aurait pas été sans l'amitié. Je tenais à remercier tout particulièrement Bertrande de Ladoucette, Elisabeth d'Albuféra, Hélène Merlotti, Hubert Coppinger, Louis de Clermont-Tonnerre, Catherine Guévenoux pour ce qu'ils ont déjà fait pour les jardins picards ; Anne de Ligne, Anne Lagoutte, Charles-René de la Tour du Pin, pour ce que nous allons faire pour les jardins du nord de l'Europe ; Bernard de la Rochefoucauld et François-Henri de Breteuil, pour le temps qu'ils consacrent à la défense du patrimoine botanique et horticole ; Martin Peltier, Justine Ducharne, pour leur aide précieuse et de tous les instants ; Jérôme Oudard, pour ce que nous avons fait ensemble à Puisieux ; mes parents, Anne-Marie et le soutien moral de Gatsby, Gala et Polka.

L'Association des Parcs & Jardins de Picardie qui regroupe les associations des Parcs & Jardins de l'Aisne, de l'Oise et de la Somme entend :

- contribuer à la sauvegarde du patrimoine botanique et horticole
- susciter l'ouverture de jardins privés au public
- participer au développement du tourisme vert dans la région et permettre aux amateurs de jardins de se rencontrer

- Parcs & Jardins de l'Aisne - Ferme de Montgobert - 02600 Montgobert
- Parcs & Jardins de l'Oise - Château Saint-Vincent - 60300 Borest
- Parcs & Jardins de la Somme - Château de Bertangles - 80260 Bertangles

Vous pouvez aussi retrouver les jardins de Picardie sur Internet http://www.jardins-et-fleurs.com

CRT de Picardie : 03 22 22 33 66 • CDT de l'Aisne : 03 23 27 76 76 • CDT de l'Oise : 03 44 45 82 12 • CDT de la Somme : 03 22 71 22 71

Table des matières

Sous l'égide de Vertumne et de Pomone, de Cybèle et de Flore,
les Editions du Quesne ont planté ce livre à la Saint-Fiacre de l'an 2000.
Par le Christ Jardinier ! il fut, comme l'année, arrosé.

Clos du Quesne, 15 allée des Serres,
59700 Marcq-en-Barœul
ISBN 2-909989-10-0

Conception et réalisation gestecom
à Boulogne-Billancourt

Achevé d'imprimer en août 2000 par Danona-Espagne
Dépôt légal 3e trimestre 2000